大方廣佛華嚴經 讀誦

39

🪷 일러두기

1. 『독송본 한문·한글역 대방광불화엄경』은 실차난타가 한역(695~699)한 80권 『대방광불화엄경』의 한문 원문과 한글역을 함께 수록한 것이다. 한문에는 음사와 현토를 부기하였다.

2. 원문의 저본은 고종 2년(1865) 월정사에서 인경한 고려대장경 『대방광불화엄경』에 한암 스님이 현토(1949년)한 것을 범룡 스님이 영인 출판(1990년)한 『대방광불화엄경』이다.

3. 한문은 저본에서 누락되었거나 글자가 다르다고 판단된 부분은 저본인 고려대장경 각권의 말미에 교감되어 있는 내용을 중심으로 하고 봉은사판 『대방광불화엄경수소연의초』와 신수대장경 각주에서 밝힌 교감본을 참조하여 보입하고 수정하였다.

4. 한글 번역은 동국역경원에서 발간한 한글 『대방광불화엄경』(운허)을 중심으로 하고 『신화엄경합론』(탄허)과 『대방광불화엄경 강설』(여천무비) 그리고 최근의 여타 번역본 등을 참조하였다.

5. 저본의 원문에서 이체자의 경우 훈글이 제공하는 이체자는 그대로 살리고 훈글이 제공하지 않는 글자는 통용되는 정자로 바꾸었다. 예) 間 → 閒 / 焰 → 㷿 / 宮 → 宮 / 偁 → 稱

6. 한글 번역은 독송과 사경을 위하여 정확성과 아울러 가독성을 고려하였다. 극존칭은 부처님과 불경계에 대해서만 사용하였다.

7. 독송본의 차례는 일러두기 → 본문 → 화엄경 목차 → 간행사의 순차이다.
   (법공양판에는 간행사 다음에 간행불사 동참자를 밝혀 두었다.)

8. 독송본의 한글역은 사경의 편의를 도모하기 위해 그 편집을 달리하여 『사경본 한글역 대방광불화엄경』으로 함께 간행한다. 독송본과 사경본 모두 80권 『대방광불화엄경』의 권별 목차 순으로 간행한다.

독송본 한문·한글역

대방광불화엄경 제39권
大方廣佛華嚴經 卷第三十九

26. 십지품 [6]

十地品 第二十六之六

실차난타 한역
수미해주 한글역

대방광불화엄경 제39권 변상도

대방광불화엄경
제39권

26. 십지품 [6]

대방광불화엄경 권제삼십구
大方廣佛華嚴經 卷第三十九

십지품 제이십육지육
十地品 第二十六之六

정거천중나유타가 문차지중제승행하고
淨居天衆那由他가 **聞此地中諸勝行**하고

공중용약심환희하야 실공건성공양불이로다
空中踊躍心歡喜하야 **悉共虔誠供養佛**이로다

불가사의보살중이 역재공중대환희하야
不可思議菩薩衆이 **亦在空中大歡喜**하야

구연최상열의향하야 보훈중회영청정이로다
俱然最上悅意香하야 **普熏衆會令淸淨**이로다

대방광불화엄경 제39권

26. 십지품 [6]

정거천의 나유타 대중들이
이 지위의 모든 수승한 행을 듣고서는
공중에 뛰며 마음이 환희하여
다 함께 정성으로 부처님께 공양올렸다.

불가사의한 보살 대중들도
또한 공중에서 크게 환희하여
최상의 마음을 기쁘게 하는 향을 모두 사루어
모인 대중들에게 널리 풍기어 청정케 하였다.

자재천왕여천중   무량억수재허공
自在天王與天衆이   無量億數在虛空하야

보산천의공양불   백천만종빈분하
普散天衣供養佛하니   百千萬種繽紛下로다

천제채녀무유량   미불환흔공양불
天諸采女無有量하야   靡不歡欣供養佛하고

각주종종묘악음   실이차언이찬탄
各奏種種妙樂音하야   悉以此言而讚歎호대

불신안좌일국토   일체세계실현신
佛身安坐一國土하사   一切世界悉現身하시니

신상단엄무량억   법계광대실충만
身相端嚴無量億이라   法界廣大悉充滿이로다

자재천왕과 하늘 대중들
한량없는 억의 수가 허공에 있어
하늘 옷을 널리 흩어 부처님께 공양올리니
백천만 종류들이 풍성하게 내렸다.

하늘의 모든 채녀들도 한량이 없어
부처님께 환희하고 공양올리지 않음이 없고
갖가지 미묘한 음악을 각각 연주하며
모두 이러한 말로 찬탄하였다.

"부처님 몸은 한 국토에 편안히 앉아 계시나
일체 세계에 다 몸을 나타내시니
몸 모양 단엄함이 한량없는 억이라
넓고 큰 법계에 다 충만하시도다.

어일모공방광명 보멸세간번뇌암
於一毛孔放光明하사 **普滅世間煩惱暗**하시니

국토미진가지수 차광명수불가측
國土微塵可知數어니와 **此光明數不可測**이로다

혹견여래구중상 전어무상정법륜
或見如來具衆相하사 **轉於無上正法輪**하며

혹견유행제불찰 혹견적연안부동
或見遊行諸佛刹하고 **或見寂然安不動**이로다

혹현주어도솔궁 혹현하생입모태
或現住於兜率宮하고 **或現下生入母胎**하며

혹시주태혹출태 실령무량국중견
或示住胎或出胎하사 **悉令無量國中見**이로다

한 모공에서 광명을 놓으시어
널리 세간 번뇌의 어두움을 없애시니
국토의 미세한 티끌은 헤아려 알 수 있으나
이 광명의 수는 헤아릴 수 없도다.

혹은 여래께서 온갖 형상 갖추시고
위없는 바른 법륜 굴리심을 보며
혹은 모든 부처님 세계에 다니심을 보며
혹은 고요하여 편안하고 움직이지 않으심을 보도다.

혹은 도솔천궁에 머무름을 나타내시고
혹은 내려와 모태에 들어감을 나타내시며
혹은 태에 머무르고 혹은 태에서 나옴을 보이시어
다 한량없는 국토에서 보게 하시도다.

혹현출가수세도
或現出家修世道하고

혹현도량성정각
或現道場成正覺하며

혹현설법혹열반
或現說法或涅槃하사

보사시방무부도
普使十方無不覩로다

비여환사지환술
譬如幻師知幻術에

재어대중다소작
在於大衆多所作인달하야

여래지혜역부연
如來智慧亦復然하야

어세간중보현신
於世間中普現身이로다

불주심심진법성
佛住甚深眞法性하사

적멸무상동허공
寂滅無相同虛空호대

이어제일실의중
而於第一實義中에

시현종종소행사
示現種種所行事로다

혹은 출가하여 세상의 도 닦음을 나타내시며
혹은 도량에서 정각 이룸을 나타내시며
혹은 법을 설하고 혹은 열반함을 나타내시어
널리 시방에서 다 보게 하시도다.

비유하면 마술사가 환술을 알아
대중에게 많이 지어내듯이
여래의 지혜도 또한 그러하여
세간에서 널리 몸을 나타내시도다.

부처님은 매우 깊은 참 법성에 머무르시어
적멸하고 형상이 없어 허공 같지만
제일의 진실한 이치 가운데
갖가지 행하는 일을 나타내 보이시도다.

소작이익중생사 　　　　개의법성이득유
所作利益衆生事가　　　　**皆依法性而得有**하니

상여무상무차별 　　　　입어구경개무상
相與無相無差別하야　　　　**入於究竟皆無相**이로다

약유욕득여래지 　　　　응리일체망분별
若有欲得如來智인댄　　　　**應離一切妄分別**이니

유무통달개평등 　　　　질작인천대도사
有無通達皆平等하면　　　　**疾作人天大導師**로다

무량무변천녀중 　　　　종종언음칭찬이
無量無邊天女衆이　　　　**種種言音稱讚已**하고

신심적정공안락 　　　　첨앙여래묵연주
身心寂靜共安樂하야　　　　**瞻仰如來默然住**러니

짓는 바 중생을 이익되게 하는 일이
모두 법의 성품을 의지하여 있게 되니
형상 있고 형상 없음이 차별이 없어
구경에 들어가면 모두 형상 없도다.

만약 여래의 지혜를 얻고자 하면
마땅히 일체 허망한 분별을 여읠지니
있고 없음을 통달하여 모두 평등하면
인간과 천상의 대도사를 빨리 지으리라."

한량없고 가없는 천녀들이
갖가지 음성으로 칭찬하고는
몸과 마음이 적정하고 함께 안락하여
여래를 우러러보며 잠자코 있었다.

즉시보살해탈월 지제중회함적정
即時菩薩解脫月이 知諸衆會咸寂靜하고

향금강장이청언 대무외자진불자
向金剛藏而請言하사대 大無畏者眞佛子여

종제구지입십지 소유공덕제행상
從第九地入十地하는 所有功德諸行相과

급이신통변화사 원총혜자위선설
及以神通變化事를 願聰慧者爲宣說하소서

이시 금강장보살마하살 고해탈월보살
爾時에 金剛藏菩薩摩訶薩이 告解脫月菩薩

언
言하시니라

바로 그때 보살 해탈월이
모든 모인 대중들이 다 적정함을 알고는
금강장을 향해 청하여 말하였다.
"크게 두려움 없는 자, 참 불자여!

제9지로부터 제10지에 드는
있는 바 공덕과 모든 행상과
그리고 신통으로 변화하는 일을
원컨대 총명한 지혜 있는 분이 말씀하소서."

그때에 금강장 보살마하살이 해탈월 보살에게 말씀하였다.
"불자여, 보살마하살이 초지로부터 제9지에

佛子야 菩薩摩訶薩이 從初地로 乃至第九地히

以如是無量智慧로 觀察覺了已하고 善思惟修

習하며 善滿足白法하며 集無邊助道法하며 增長

大福德智慧하며 廣行大悲하며 知世界差別하며

入衆生界稠林하나라

入如來所行處하며 隨順如來寂滅行하며 常觀

察如來力無所畏不共佛法이 名爲得一切

種과 一切智智의 受職位니라

이르기까지, 이와 같이 한량없는 지혜로 관찰하여 깨닫고는 잘 사유하여 닦아 익히며, 선한 법을 잘 만족하며, 가없는 도를 돕는 법을 모으며, 큰 복덕과 지혜를 증장하며, 대비를 널리 행하며, 세계의 차별을 알며, 중생계의 빽빽한 숲에 들어간다.

여래께서 행하시는 곳에 들어가며, 여래의 적멸한 행을 수순하며, 여래의 힘과 두려움 없음과 함께하지 않는 부처님의 법을 항상 관찰하니, 이름하여 일체종과 일체지의 지혜를 얻은 직책을 받는 지위라고 한다.

佛子야 菩薩摩訶薩이 以如是智慧로 入受職地
已하야는 卽得菩薩離垢三昧와 入法界差別三
昧와 莊嚴道場三昧와 一切種華光三昧와 海藏
三昧와 海印三昧와 虛空界廣大三昧와 觀一切
法自性三昧와 知一切衆生心行三昧와 一切
佛皆現前三昧하야 如是等百萬阿僧祇三昧가

皆現在前이니라

菩薩이 於此一切三昧에 若入若起에 皆得善

불자여, 보살마하살이 이와 같은 지혜로 직책을 받는 지위에 들어가서는 곧 보살의 때를 여읜 삼매와, 법계의 차별에 들어가는 삼매와, 도량을 장엄하는 삼매와, 일체 종류의 화광 삼매와, 해장 삼매와, 해인 삼매와, 허공계의 넓고 큰 삼매와, 일체 법의 자성을 관찰하는 삼매와, 일체 중생의 마음의 행을 아는 삼매와, 일체 부처님께서 다 앞에 나타나시는 삼매를 얻는다. 이와 같은 등 백만 아승지 삼매가 모두 앞에 나타난다.

보살이 이 일체 삼매에 들어가고 일어날 때 모두 공교함을 얻으며, 또한 일체 삼매의 짓는

巧하며 亦善了知一切三昧의 所作差別하나니 其

最後三昧가 名受一切智勝職位니라

此三昧가 現在前時에 有大寶蓮華가 忽然出
生하나라

其華廣大하야 量等百萬三千大千世界하고 以

衆妙寶로 間錯莊嚴하며 超過一切世間境界하며

出世善根之所生起며 知諸法如幻性衆行所

일이 차별함도 잘 분명히 안다. 그 마지막 삼매는 이름이 '일체지가 수승한 직책을 받는 지위'이다.

이 삼매가 앞에 나타날 때에 큰 보배 연꽃이 홀연히 솟아났다.

그 연꽃이 넓고 커서 크기가 백만 삼천대천세계와 같으며, 온갖 미묘한 보배로 사이사이 장엄하였다. 일체 세간의 경계를 초월하여 출세간의 선근에서 생겨난 것이며, 모든 법이 환과 같은 성품임을 아는 온갖 행으로 이루어진 것이며, 항상 광명을 놓아 법계를 두루 비추

성   항방광명   보조법계   비제천처지
成이며 恒放光明하야 普照法界하며 非諸天處之

소능유
所能有니라

비유리마니보   위경   전단왕   위대
毗瑠璃摩尼寶로 爲莖하고 栴檀王으로 爲臺하고

마노   위수   염부단금   위엽   기화
碼碯로 爲鬚하고 閻浮檀金으로 爲葉하며 其華가

상유무량광명   중보위장   보망미부
常有無量光明하야 衆寶爲藏하고 寶網彌覆하며

십삼천대천세계미진수연화   이위권속
十三千大千世界微塵數蓮華로 以爲眷屬이니라

이시보살   좌차화좌   신상대소   정상
爾時菩薩이 坐此華座하시니 身相大小가 正相

칭가   무량보살   이위권속   각좌기여
稱可하며 無量菩薩로 以爲眷屬하야 各坐其餘

며, 모든 하늘의 처소에 능히 있는 것이 아니다.

비유리 마니 보배로 줄기가 되고, 전단왕으로 꽃대가 되고, 마노로 꽃술이 되고, 염부단금으로 잎이 되었다. 그 꽃에는 항상 한량없는 광명이 있고, 온갖 보배로 연밥이 되고, 보배 그물로 두루 덮이고, 십 삼천대천세계의 미세한 티끌 수의 연꽃으로 권속이 되었다.

그때에 보살이 이 연꽃 자리에 앉으니 몸 모양의 크고 작음이 바른 모양으로 잘 어울리고, 한량없는 보살로 권속이 되어, 각각 그 다른 연꽃 위에 앉아서 두루 둘러쌌으며, 낱낱

연화지상　　주잡위요　　일일각득백만삼
蓮華之上하야 周帀圍遶호대 一一各得百萬三

매　　향대보살　　일심첨앙
昧하야 向大菩薩하야 一心瞻仰이러라

불자　차대보살　　병기권속　좌화좌시　소
佛子야 此大菩薩과 幷其眷屬이 坐華座時에 所

유광명　급이언음　　보개충만시방법계
有光明과 及以言音이 普皆充滿十方法界하며

일체세계　　함실진동
一切世界가 咸悉震動하니라

악취휴식　　국토엄정　　동행보살　　미불
惡趣休息하고 國土嚴淨하며 同行菩薩이 靡不

래집　　인천음악　　동시발성　　　소유중
來集하며 人天音樂이 同時發聲이어든 所有衆

생　　실득안락　　이부사의공양지구　　공일
生이 悉得安樂하야 以不思議供養之具로 供一

이 각각 백만 삼매를 얻고, 큰 보살을 향하여 일심으로 우러러보았다.

불자여, 이 큰 보살과 그 권속들이 연꽃 자리에 앉았을 때, 있는 바 광명과 말과 음성이 시방 법계에 널리 다 충만하며, 일체 세계가 모두 다 진동하였다.

나쁜 갈래는 휴식하고, 국토는 청정하게 장엄되며, 함께 수행하는 보살이 와서 모이지 않음이 없으며, 인간과 천상의 음악이 동시에 소리를 내니, 있는 바 중생들이 모두 안락함을 얻으며, 부사의한 공양거리로 일체 부처님께 공양올리며, 모든 부처님의 대중모임들이 모두

切佛하며 諸佛衆會가 悉皆顯現하니라

佛子야 此菩薩이 坐彼大蓮華座時에 於兩足

下에 放百萬阿僧祇光明하야 普照十方諸大地

獄하야 滅衆生苦하니라

於兩膝輪에 放百萬阿僧祇光明하야 普照十方

諸畜生趣하야 滅衆生苦하며 於臍輪中에 放百

萬阿僧祇光明하야 普照十方閻羅王界하야 滅

다 나타났다.

　불자여, 이 보살이 저 큰 연꽃 자리에 앉았을 때, 두 발바닥에서 백만 아승지 광명을 놓아 시방의 모든 큰 지옥을 널리 비추어 중생들의 고통을 소멸하였다.

　두 무릎에서 백만 아승지 광명을 놓아 시방의 모든 축생 갈래를 널리 비추어 중생들의 고통을 소멸하며, 배꼽에서 백만 아승지 광명을 놓아 시방의 염라왕 세계를 널리 비추어 중생들의 고통을 소멸하였다.

　좌우의 옆구리로 백만 아승지 광명을 놓아

중생고
衆生苦하나라

종좌우협   방백만아승지광명   보조시
從左右脇하야 放百萬阿僧祇光明하야 普照十

방일체인취   멸중생고   종양수중   방
方一切人趣하야 滅衆生苦하며 從兩手中하야 放

백만아승지광명   보조시방일체제천   급
百萬阿僧祇光明하야 普照十方一切諸天과 及

아수라   소유궁전
阿脩羅의 所有宮殿하나라

종양견상   방백만아승지광명   보조시
從兩肩上하야 放百萬阿僧祇光明하야 普照十

방일체성문   종기항배   방백만아승지
方一切聲聞하며 從其項背하야 放百萬阿僧祇

광명   보조시방벽지불신
光明하야 普照十方辟支佛身하나라

서 시방의 일체 인간 갈래를 널리 비추어 중생들의 고통을 소멸하며, 두 손바닥으로 백만 아승지 광명을 놓아서 시방의 일체 모든 천상과 아수라의 있는 바 궁전을 널리 비추었다.

두 어깨로 백만 아승지 광명을 놓아서 시방의 일체 성문을 널리 비추며, 목과 등으로 백만 아승지 광명을 놓아서 시방 벽지불의 몸을 널리 비추었다.

입으로 백만 아승지 광명을 놓아서 시방의 처음 비로소 발심한 이와 내지 9지의 모든 보살들의 몸을 널리 비추며, 두 눈썹 사이로 백만 아승지 광명을 놓아서 시방의 직책을 받은

從其面門_{하야} 放百萬阿僧祇光明_{하야} 普照十
方初始發心_과 乃至九地諸菩薩身_{하며} 從兩眉
間_{하야} 放百萬阿僧祇光明_{하야} 普照十方受職
菩薩_{하야} 令魔宮殿_{으로} 悉皆不現_{하나라}
從其頂上_{하야} 放百萬阿僧祇三千大千世界微
塵數光明_{하야} 普照十方一切世界諸佛如來道
場眾會_{하야} 右遶十帀_{하고} 住虛空中_{하야} 成光明
網_{하니} 名熾然光明_{이니라}

보살들을 널리 비추어 마군의 궁전들이 모두 다 나타나지 못하게 하였다.

그 정수리로 백만 아승지 삼천대천세계의 미세한 티끌 수의 광명을 놓아서 시방 일체 세계의 모든 부처님 여래 도량의 대중모임을 널리 비추고 오른쪽으로 열 바퀴를 돌고는 허공에 머물러서 광명 그물을 이루니, 이름이 치성하게 타오르는 광명이다.

갖가지 모든 공양하는 일을 일으켜 부처님께 공양올리니, 나머지 모든 보살들의 처음 발심함으로부터 9지에 이르기까지 있는 바 공양으로 이것에 견주면 백분의 일에 미치지 못

발기종종제공양사 　　　공양어불　　　　여제보
發起種種諸供養事하야 供養於佛하니 餘諸菩

살　　종초발심　　　　내지구지　　소유공양
薩의 從初發心으로 乃至九地히 所有供養으로

이비어차　　　백분　　불급일　　　내지산수비
而比於此하면 百分에 不及一이며 乃至筭數譬

유　　소불능급
諭로 所不能及이니라

기광명망　　보어시방일일여래중회지전　　우
其光明網이 普於十方一一如來衆會之前에 雨

중묘향　　화만의복　　당번보개　　제마니등장
衆妙香과 華鬘衣服과 幢幡寶蓋와 諸摩尼等莊

엄지구　　　이위공양　　개종출세선근소생
嚴之具하야 以爲供養하니 皆從出世善根所生이라

초과일체세간경계　　　약유중생　　견지차자
超過一切世間境界하니 若有衆生이 見知此者면

하며, 내지 산수 비유로도 미칠 수 없는 바이다.

그 광명 그물이 널리 시방의 낱낱 여래의 대중모임 앞에 온갖 미묘한 향과 꽃과 꽃다발과 의복과 깃대와 깃발과 보배 일산과 모든 마니 등의 장엄거리를 비내려서 공양올리니, 모두 출세간의 선근으로부터 생겨난 것이라 일체 세간의 경계를 초월한다. 만일 어떤 중생이 이것을 보고 안다면 모두 아뇩다라삼먁삼보리에서 물러나지 않게 된다.

불자여, 이 큰 광명이 이와 같이 공양하는 일을 지어 마치고는 다시 시방의 일체 세계의

개 어아뇩다라삼먁삼보리　　득불퇴전
皆於阿耨多羅三藐三菩提에 得不退轉이니라

불자　차대광명　작어여시공양사필　　부
佛子야 此大光明이 作於如是供養事畢하고 復

요시방일체세계일일제불도량중회　　경십
遶十方一切世界一一諸佛道場衆會하야 經十

잡이　　종제여래족하이입
帀已하고 從諸如來足下而入이니라

이시제불　급제보살　지모세계중　모보살
爾時諸佛과 及諸菩薩이 知某世界中에 某菩薩

마하살　능행여시광대지행　　도수직위
摩訶薩이 能行如是廣大之行하야 到受職位하나니라

불자　시시　시방무량무변내지구지제보살
佛子야 是時에 十方無量無邊乃至九地諸菩薩

중　개래위요　　공경공양　　일심관찰　정
衆이 皆來圍遶하야 恭敬供養하고 一心觀察하니 正

낱낱 모든 부처님 도량의 대중모임을 돌아 열 번을 지나서 모든 여래의 발 아래로 들어갔다.

그때에 모든 부처님과 모든 보살들이 어느 세계에 어느 보살마하살이 이와 같은 광대한 행을 능히 행하고 직책을 받는 지위에 이른 줄을 아셨다.

불자여, 이때에 시방의 한량없고 가없는 내지 9지의 모든 보살들이 모두 와서 둘러싸고 공경하고 공양하며 일심으로 관찰하니, 바로 관찰할 때 그 모든 보살들이 곧 각각 십천 삼매를 얻었다.

관찰시　기제보살　즉각획득십천삼매
觀察時에 其諸菩薩이 卽各獲得十千三昧하니라

당이지시　　시방소유수직보살　개어금강
當爾之時하야 十方所有受職菩薩이 皆於金剛

장엄억덕상중　　출대광명　　명능괴마원
莊嚴臆德相中에 出大光明하니 名能壞魔怨이라

백만아승지광명　　이위권속　　보조시방
百萬阿僧祇光明으로 以爲眷屬하야 普照十方하야

현어무량신통변화
現於無量神通變化하니라

작시사이　　이래입차보살마하살금강장엄
作是事已하고 而來入此菩薩摩訶薩金剛莊嚴

억덕상중　　기광　입이　영차보살　소유
臆德相中하나라 其光이 入已에 令此菩薩의 所有

지혜　세력증장　과백천배
智慧로 勢力增長이 過百千倍하니라

이러한 때에 시방에 있는 직책을 받은 보살들이 모두 금강으로 장엄한 가슴의 공덕 모양에서 큰 광명을 놓으니, 이름이 '능히 마군과 원수를 파괴함'이다.

백만 아승지 광명을 권속으로 삼고 시방을 널리 비추어 한량없는 신통 변화를 나타내었다.

이러한 일을 지어 마치고는 이 보살마하살들의 금강으로 장엄한 가슴의 공덕 모양으로 들어갔다. 그 광명이 들어간 후에는 이 보살들이 지닌 지혜가 세력을 증장케 하여 백천 배를 넘어선다.

爾時¹에 十方一切諸佛이 從眉間出淸淨光

明하시니 名增益一切智神通이라

無數光明으로 以爲眷屬하야 普照十方一切世

界하야 右遶十帀하며 示現如來廣大自在하며 開

悟無量百千億那由他諸菩薩衆하며 周徧震動

一切佛刹하며 滅除一切諸惡道苦하며 隱蔽一

切諸魔宮殿하며 示一切佛得菩提處道場衆會

莊嚴威德하니라

그때에 시방의 일체 모든 부처님께서 눈썹 사이로 청정한 광명을 내시니 이름이 '일체 지혜와 신통을 더함'이다.

무수한 광명을 권속으로 삼아 시방의 일체 세계를 널리 비추며 오른쪽으로 열 바퀴를 돌았다. 여래의 광대한 자재함을 나타내 보이며, 한량없는 백천억 나유타 모든 보살 대중들을 깨우치며, 일체 부처님 세계를 두루 진동하며, 일체 모든 나쁜 갈래의 고통을 없애며, 일체 모든 마군의 궁전을 가려 버리며, 일체 부처님께서 보리를 얻으신 곳인 도량의 대중모임의 장엄과 위덕을 보이었다.

如是普照盡虛空徧法界一切世界已하고 而來

至此菩薩會上하야 周帀右遶하며 示現種種莊

嚴之事하시니라

現是事已에 從大菩薩頂上而入하신대 其眷屬

光明도 亦各入彼諸菩薩頂하나라

當爾之時하야 此菩薩이 得先所未得百萬三昧하니

名爲已得受職之位라 入佛境界하야 具足十

力하야 墮在佛數하나라

이와 같이 허공을 다하고 법계에 두루하여 일체 세계를 널리 비추고는, 이 보살들의 모임에 와서 이르러 오른쪽으로 두루 돌면서 갖가지 장엄한 일을 나타내 보였다.

이 일을 나타내고는 큰 보살의 정수리로 들어가니 그 권속 광명도 또한 각각 저 모든 보살들의 정수리로 들어갔다.

이러한 때에 이 보살이 전에 얻지 못하였던 백만 삼매를 얻으니 이름이 '직책을 받는 지위를 이미 얻음'이다. 부처님의 경계에 들어가서 열 가지 힘을 구족하고 부처님으로 헤아림에 속한다.

불자　　여전륜성왕　　소생태자　　모시정후
佛子야 如轉輪聖王의 所生太子가 母是正后요

신상구족　　　기전륜왕　　영차태자　　좌백
身相具足이어든 其轉輪王이 令此太子로 坐白

상보묘금지좌　　장대망만　　건대당번
象寶妙金之座하고 張大網幔하며 建大幢幡하며

연향산화　　주제음악　　취사대해수　　치
然香散華하며 奏諸音樂하며 取四大海水하야 置

금병내　　왕집차병　　관태자정　　시시
金瓶內하고 王執此瓶하야 灌太子頂하나니 是時에

즉명수왕직위　　타재관정찰리왕수　　즉능
卽名受王職位라 墮在灌頂刹利王數하며 卽能

구족행십선도　　역득명위전륜성왕
具足行十善道일새 亦得名爲轉輪聖王인달하니라

보살수직　　역부여시　　제불지수　　관기정
菩薩受職도 亦復如是하야 諸佛智水로 灌其頂

불자여, 마치 전륜성왕에게서 태어난 태자가 어머니는 황후이고 몸 모양이 구족하니, 그 전륜왕이 이 태자로 하여금 흰 코끼리의 미묘한 보배 황금 자리에 앉게 하고, 큰 그물 휘장을 펼치고, 큰 깃대와 깃발을 세우고, 향을 사루고 꽃을 흩고, 여러 음악을 연주하고, 네 큰 바다의 물을 떠다 황금 병 안에 넣고, 왕이 이 병을 들어 태자의 정수리에 부으니, 이때 바로 이름하여 왕의 직책을 받는 지위라 하며, 관정한 찰리왕으로 헤아림에 속하여 곧 십선을 행하는 도를 능히 구족하고 또한 전륜성왕이라는 이름을 얻는 것과 같다.

故로 名爲受職이니 具足如來十種力故로 墮在

佛數니라

佛子야 是名菩薩受大智職이니 菩薩이 以此大

智職故로 能行無量百千萬億那由他難行之

行하야 增長無量智慧功德하나니 名爲安住法雲

地니라

보살이 직책을 받는 것도 또한 이와 같아서 모든 부처님께서 지혜의 물을 그 정수리에 부으시는 까닭으로 이름하여 직책을 받음이라 하며, 여래의 열 가지 힘을 구족하는 까닭으로 부처님으로 헤아림에 속한다.

불자여, 이것을 이름하여 '보살이 큰 지혜의 직책을 받음'이라 하며, 보살이 이 큰 지혜의 직책으로 인한 까닭으로 한량없는 백천만억 나유타의 행하기 어려운 행을 능히 행하며, 한량없는 지혜와 공덕을 증장하니, 이름하여 '법운지에 편안히 머무름'이라 한다.

불자 보살마하살 주차법운지 여실지욕
佛子야 菩薩摩訶薩이 住此法雲地에 如實知欲

계집 색계집 무색계집 세계집 법계
界集과 色界集과 無色界集과 世界集과 法界

집 유위계집 무위계집 중생계집 식계
集과 有爲界集과 無爲界集과 衆生界集과 識界

집 허공계집 열반계집
集과 虛空界集과 涅槃界集하나니라

차보살 여실지제견번뇌행집 지세계성
此菩薩이 如實知諸見煩惱行集하며 知世界成

괴집 지성문행집 벽지불행집 보살행
壞集하며 知聲聞行集과 辟支佛行集과 菩薩行

집 여래력무소외색신법신집 일체종일
集과 如來力無所畏色身法身集과 一切種一

체지지집 시득보리전법륜집 입일체법
切智智集과 示得菩提轉法輪集과 入一切法

불자여, 보살마하살이 이 법운지에 머물러서 욕계의 모임과, 색계의 모임과, 무색계의 모임과, 세계의 모임과, 법계의 모임과, 유위 세계의 모임과, 무위 세계의 모임과, 중생계의 모임과, 인식 세계의 모임과, 허공계의 모임과, 열반계의 모임을 사실대로 안다.

이 보살이 모든 견해와 번뇌의 행의 모임을 사실대로 알며, 세계가 이루어지고 무너지는 모임을 알며, 성문의 행의 모임과, 벽지불의 행의 모임과, 보살의 행의 모임과, 여래의 힘과 두려움 없음과 색신과 법신의 모임과, 일체종과 일체지의 지혜의 모임과, 보리를 얻어 법륜 굴림

분별결정지집   거요언지   이일체지
分別決定智集하나니 **擧要言之**컨댄 **以一切智**로

지일체집
知一切集이니라

불자   차보살마하살   이여시상상각혜   여
佛子야 **此菩薩摩訶薩**이 **以如是上上覺慧**로 **如**

실지중생업화   번뇌화   제견화   세계화
實知衆生業化와 **煩惱化**와 **諸見化**와 **世界化**와

법계화   성문화   벽지불화   보살화   여래
法界化와 **聲聞化**와 **辟支佛化**와 **菩薩化**와 **如來**

화   일체분별무분별화   여시등   개여실
化와 **一切分別無分別化**하야 **如是等**을 **皆如實**

지
知니라

을 보이는 모임과, 일체 법에 들어가 분별하고 결정하는 지혜의 모임을 안다. 중요한 점을 들어 말하면 일체지로써 일체의 모임을 안다.

불자여, 이 보살마하살이 이와 같은 가장 뛰어난 깨달음의 지혜로써 중생의 업의 변화와, 번뇌의 변화와, 모든 견해의 변화와, 세계의 변화와, 법계의 변화와, 성문의 변화와, 벽지불의 변화와, 보살의 변화와, 여래의 변화와, 일체 분별과 분별 없음의 변화를 사실대로 아니, 이와 같은 등을 모두 사실대로 안다.

우여실지불지　　법지　　승지　　업지　　번뇌지
又如實知佛持와 法持와 僧持와 業持와 煩惱持와

시지　　원지　　공양지　　행지　　겁지　　지지
時持와 願持와 供養持와 行持와 劫持와 智持하야

여시등　　개여실지
如是等을 皆如實知니라

우여실지제불여래　　입미세지
又如實知諸佛如來의 入微細智하나니라

소위수행미세지　　　명종미세지　　　수생미세
所謂修行微細智와 命終微細智와 受生微細

지　　출가미세지　　현신통미세지　　성정각미
智와 出家微細智와 現神通微細智와 成正覺微

세지　　전법륜미세지　　주수명미세지　　반열
細智와 轉法輪微細智와 住壽命微細智와 般涅

또 부처님의 지님과, 법의 지님과, 승가의 지님과, 업의 지님과, 번뇌의 지님과, 때의 지님과, 서원의 지님과, 공양의 지님과, 행의 지님과, 겁의 지님과, 지혜의 지님을 사실대로 아니, 이와 같은 등을 모두 사실대로 안다.

또 모든 부처님 여래께서 미세한 데 들어가시는 지혜를 사실대로 안다.

이른바 수행의 미세한 지혜와, 목숨이 마침의 미세한 지혜와, 태어남의 미세한 지혜와, 출가의 미세한 지혜와, 신통을 나타냄의 미세한 지혜와, 정각 이룸의 미세한 지혜와, 법륜 굴

반미세지 교법주미세지 여시등 개여실
槃微細智와 教法住微細智니 如是等을 皆如實

지
知니라

우입여래비밀처
又入如來祕密處하나니라

소위신비밀 어비밀 심비밀 시비시사
所謂身祕密과 語祕密과 心祕密과 時非時思

량비밀 수보살기비밀 섭중생비밀 종
量祕密과 授菩薩記祕密과 攝眾生祕密과 種

종승비밀 일체중생근행차별비밀 업소
種乘祕密과 一切眾生根行差別祕密과 業所

작비밀 득보리행비밀 여시등 개여실
作祕密과 得菩提行祕密이니 如是等을 皆如實

림의 미세한 지혜와, 수명 동안 머무름의 미세한 지혜와, 반열반의 미세한 지혜와, 교법이 머무름의 미세한 지혜이니, 이와 같은 등을 모두 사실대로 안다.

또 여래의 비밀한 곳에 들어간다.

이른바 몸의 비밀과, 말의 비밀과, 마음의 비밀과, 때와 때 아님을 사량하는 비밀과, 보살에게 수기하는 비밀과, 중생을 섭수하는 비밀과, 갖가지 승의 비밀과, 일체 중생의 근기와 행이 차별한 비밀과, 업이 짓는 바의 비밀과, 보리를 얻는 행의 비밀이니, 이와 같은 등을

지
知니라

우지제불소유입겁지
又知諸佛所有入劫智하나니라

소위일겁 입아승지겁   아승지겁 입일
所謂一劫이 入阿僧祇劫하고 阿僧祇劫이 入一

겁 유수겁 입무수겁   무수겁 입유수
劫과 有數劫이 入無數劫하고 無數劫이 入有數

겁 일념입겁 겁입일념 겁입비겁   비
劫과 一念入劫하고 劫入一念과 劫入非劫하고 非

겁입겁
劫入劫이니라

유불겁 입무불겁   무불겁 입유불겁
有佛劫이 入無佛劫하고 無佛劫이 入有佛劫과

모두 사실대로 안다.

또 모든 부처님께서 겁에 들어가시는 지혜가 있는 것을 안다.

이른바 한 겁이 아승지 겁에 들어가고 아승지 겁이 한 겁에 들어감과, 수있는 겁이 수없는 겁에 들어가고 수없는 겁이 수있는 겁에 들어감과, 한 찰나가 겁에 들어가고 겁이 한 찰나에 들어감과, 겁이 겁 아님에 들어가고 겁 아님이 겁에 들어감이다.

부처님 계시는 겁이 부처님 안 계시는 겁에 들어가고 부처님 안 계시는 겁이 부처님 계시

과거미래겁　　입현재겁　　　현재겁　　입과거
過去未來劫이 入現在劫하고 現在劫이 入過去

미래겁　　과거겁　　입미래겁　　미래겁　　입
未來劫과 過去劫이 入未來劫하고 未來劫이 入

과거겁　　장겁　　입단겁　　단겁　　입장겁
過去劫과 長劫이 入短劫하고 短劫이 入長劫이니

여시등　　개여실지
如是等을 皆如實知니라

우지여래제소입지
又知如來諸所入智하나니라

소위입모도지　　입미진지　　입국토신정각
所謂入毛道智와 入微塵智와 入國土身正覺

지
智니라

는 겁에 들어감과, 과거와 미래 겁이 현재 겁에 들어가고 현재 겁이 과거와 미래 겁에 들어감과, 과거 겁이 미래 겁에 들어가고 미래 겁이 과거 겁에 들어감과, 긴 겁이 짧은 겁에 들어가고 짧은 겁이 긴 겁에 들어감이다. 이와 같은 등을 모두 사실대로 안다.

또한 여래의 모든 들어가신 바의 지혜를 안다. 이른바 털끝만 한 곳에 들어가는 지혜와, 미세한 티끌에 들어가는 지혜와, 국토의 몸에 들어가는 바른 깨달음의 지혜이다.

중생의 몸에 들어가는 바른 깨달음의 지혜

입중생신정각지　　입중생심정각지　　입중
入衆生身正覺智와 入衆生心正覺智와 入衆

생행정각지　　입수순일체처정각지
生行正覺智와 入隨順一切處正覺智니라

입시현변행지　　입시현순행지　　입시현역
入示現徧行智와 入示現順行智와 入示現逆

행지　　입시현사의부사의세간요지불요지
行智와 入示現思議不思議世間了知不了知

행지
行智니라

입시현성문지　　벽지불지　　보살행　　여래행
入示現聲聞智와 辟支佛智와 菩薩行과 如來行

지
智니라

불자　　일체제불　　소유지혜　　광대무량
佛子야 一切諸佛의 所有智慧가 廣大無量이어늘

와, 중생의 마음에 들어가는 바른 깨달음의 지혜와, 중생의 행에 들어가는 바른 깨달음의 지혜와, 일체 처소에 수순함에 들어가는 바른 깨달음의 지혜이다.

두루 행함을 나타내 보임에 들어가는 지혜와, 수순하는 행을 나타내 보임에 들어가는 지혜와, 거스르는 행을 나타내 보임에 들어가는 지혜와, 사의와 부사의한 세간을 분명히 알고 분명히 알지 못하는 행을 나타내 보임에 들어가는 지혜이다.

성문의 지혜와, 벽지불의 지혜와, 보살의 행과 여래의 행을 나타내 보임에 들어가는 지혜

차지보살　개능득입
此地菩薩이 皆能得入이니라

불자　보살마하살　주차지　즉득보살부사
佛子야 菩薩摩訶薩이 住此地에 卽得菩薩不思

의해탈　무장애해탈　정관찰해탈　보조명
議解脫과 無障礙解脫과 淨觀察解脫과 普照明

해탈　여래장해탈　수순무애륜해탈　통달
解脫과 如來藏解脫과 隨順無礙輪解脫과 通達

삼세해탈　법계장해탈　해탈광명륜해탈
三世解脫과 法界藏解脫과 解脫光明輪解脫과

무여경계해탈
無餘境界解脫하나니라

이다.

　불자여, 일체 모든 부처님의 있는 바 지혜가 광대하여 한량없거늘, 이 지위의 보살이 모두 능히 들어간다.

　불자여, 보살마하살이 이 지위에 머물러서는 곧 보살의 부사의한 해탈과, 걸림 없는 해탈과, 깨끗이 관찰하는 해탈과, 널리 밝게 비추는 해탈과, 여래장 해탈과, 걸림 없는 바퀴를 수순하는 해탈과, 삼세를 통달하는 해탈과, 법계장 해탈과, 해탈한 광명 바퀴 해탈과, 남

차십위수　　유무량백천아승지해탈문　개
此十爲首하야 有無量百千阿僧祇解脫門을 皆

어차제십지중득　　여시내지무량백천아승
於此第十地中得하며 如是乃至無量百千阿僧

지삼매문　무량백천아승지다라니문　무
祇三昧門과 無量百千阿僧祇陀羅尼門과 無

량백천아승지신통문　개실성취
量百千阿僧祇神通門을 皆悉成就니라

불자　차보살마하살　통달여시지혜　수
佛子야 此菩薩摩訶薩이 通達如是智慧에 隨

순무량보리　성취선교염력　시방무
順無量菩提하며 成就善巧念力하야 十方無

음이 없는 경계의 해탈을 얻는다.

　이 열 가지를 으뜸으로 삼아 한량없는 백천 아승지 해탈문이 있으니 모두 이 제10지에서 얻으며, 이와 같이 내지 한량없는 백천 아승지 삼매문과 한량없는 백천 아승지 다라니문과 한량없는 백천 아승지 신통문을 모두 다 성취한다.

　불자여, 이 보살마하살이 이와 같은 지혜를 통달하고는 한량없는 보리를 수순해서 교묘한 생각의 힘을 성취하여, 시방의 한량없는 모

量諸佛의 所有無量大法明과 大法照와 大法

雨를 於一念頃에 皆能安能受하며 能攝能持하나니라

譬如娑伽羅龍王의 所霔大雨를 唯除大海하고

餘一切處는 皆不能安不能受하며 不能攝不能

持인달하니라

如來祕密藏의 大法明大法照大法雨도 亦復

如是하야 唯除第十地菩薩하고 餘一切衆生과

聲聞獨覺과 乃至第九地菩薩은 皆不能安不

든 부처님이 지니신 한량없는 큰 법의 광명과 큰 법의 비춤과 큰 법의 비를 한 생각 사이에 모두 능히 즐기고 능히 받고 능히 거두고 능히 지닌다.

비유하면 사가라 용왕이 내리는 큰비를 오직 큰 바다를 제외하고는 다른 일체 처소가 모두 능히 즐기지 못하고 능히 받지 못하고 능히 거두지 못하고 능히 지니지 못함과 같다.

여래의 비밀한 법장인 큰 법의 광명과 큰 법의 비춤과 큰 법의 비도 또한 이와 같아서 오직 제10지 보살을 제외하고는 다른 일체 중생과 성문과 독각과 내지 제9지 보살은 모두 능

능수 불능섭불능지
能受하며 不能攝不能持니라

불자 비여대해 능안능수능섭능지일대
佛子야 譬如大海가 能安能受能攝能持一大

용왕 소주대우 약이약삼 내지무량제
龍王의 所霔大雨하며 若二若三과 乃至無量諸

용왕우 어일념간 일시주하 개능안능
龍王雨가 於一念間에 一時霔下라도 皆能安能

수 능섭능지 하이고 이시무량광대
受하며 能攝能持하나니 何以故오 以是無量廣大

기고
器故인달하니라

주법운지보살 역부여시 능안능수능섭
住法雲地菩薩도 亦復如是하야 能安能受能攝

능지일불 법명법조법우 약이약삼 내
能持一佛의 法明法照法雨하며 若二若三으로 乃

히 즐기지 못하고 능히 받지 못하고 능히 거두지 못하고 능히 지니지 못한다.

불자여, 비유하면 큰 바다는 한 큰 용왕이 내리는 큰비를 능히 즐기고 능히 받고 능히 거두고 능히 지니며, 혹은 둘 혹은 셋 내지 한량없는 모든 용왕의 비가 한 생각 사이에 한꺼번에 내리더라도 모두 능히 즐기고 능히 받고 능히 거두고 능히 지니는 것과 같다. 무슨 까닭인가? 이것은 한량없이 넓고 큰 그릇인 까닭이다.

법운지에 머무르는 보살도 또한 이와 같아서 한 부처님의 법의 광명과 법의 비춤과 법의 비

至無量히 於一念頃에 一時演說이라도 悉亦如

是일새 是故此地가 名爲法雲이니라

解脫月菩薩이 言하시니라

佛子야 此地菩薩이 於一念間에 能於幾如來

所에 安受攝持大法明大法照大法雨니잇고

金剛藏菩薩이 言하시니라

佛子야 不可以筭數로 能知니 我當爲汝하야 說

를 능히 즐기고 능히 받고 능히 거두고 능히 지니며, 혹은 둘 혹은 셋 내지 한량없는 부처님께서 한 생각 사이에 일시에 연설하시더라도 다 또한 이와 같다. 그러므로 이 지위를 법운이라 이름한다."

해탈월 보살이 말하였다.

"불자여, 이 지위의 보살이 한 생각 사이에 능히 몇 여래의 처소에서 큰 법의 광명과 큰 법의 비춤과 큰 법의 비를 즐기고 받고 거두고 지닙니까?"

금강장 보살이 말하였다.

기비유
其譬諭호리라

불자 비여시방 각유십불가설백천억나
佛子야 **譬如十方**에 **各有十不可說百千億那**

유타불찰미진수세계 기세계중일일중
由他佛刹微塵數世界어든 **其世界中一一衆**

생 개득문지다라니 위불시자 성문
生이 **皆得聞持陀羅尼**하야 **爲佛侍者**하야 **聲聞**

중중 다문제일 여금강연화상불소 대승
衆中에 **多聞第一**이 **如金剛蓮華上佛所**에 **大勝**

비구 연일중생 소수지법 여불중수
比丘호대 **然一衆生**의 **所受之法**을 **餘不重受**하면

불자 어여의운하 차제중생 소수지법
佛子야 **於汝意云何**오 **此諸衆生**의 **所受之法**이

위유량야 위무량야
爲有量耶아 **爲無量耶**아

"불자여, 산수로는 능히 알 수 없으니, 내가 마땅히 그대를 위하여 그 비유를 말하리라.

불자여, 비유하면 시방에 각각 열 개의 말할 수 없는 백천억 나유타 부처님 세계의 미세한 티끌 수의 세계가 있고, 그 세계 가운데 낱낱 중생이 모두 듣고 지니는 다라니를 얻고는 부처님의 시자가 되어 성문 대중 가운데서 많이 듣기로 제일인 것이 금강연화 위 부처님 처소의 대승 비구와 같다. 그러나 한 중생이 받은 법을 다른 이는 거듭 받지 않는다고 하면, 불자여, 그대의 생각에는 어떠한가? 이 모든 중생들의 받은 법이 한량이 있겠는가? 한량이

해탈월보살　언
解脫月菩薩이 言하시니라

기수심다　　무량무변
其數甚多하야 無量無邊이니이다

금강장보살　언
金剛藏菩薩이 言하시니라

불자　아위여설　　영여득해
佛子야 我爲汝說하야 令汝得解케호리라

불자　차법운지보살　어일불소　일념지
佛子야 此法雲地菩薩이 於一佛所에 一念之

경　소안소수소섭소지　대법명대법조대
頃에 所安所受所攝所持인 大法明大法照大

법우　삼세법장　전이소세계일체중생　소
法雨의 三世法藏을 前爾所世界一切衆生의 所

문지법　어차　백분　불급일　내지비유
聞持法이 於此에 百分에 不及一이며 乃至譬諭도

없겠는가?"

해탈월 보살이 말하였다.

"그 수가 매우 많아서 한량없고 가없습니다."

금강장 보살이 말하였다.

"불자여, 내가 그대를 위해 말하여 그대가 알게 하리라.

불자여, 이 법운지 보살이 한 부처님 처소에서 한 생각 사이에 즐기고 받고 거두고 지닌 큰 법의 광명과 큰 법의 비춤과 큰 법의 비인 삼세의 법장은 앞의 그러한 바 세계의 일체 중생이 듣고 지닌 법이 이것에 백분의 일에 미치지 못하며, 내지 비유로도 또한 미칠 수 없다.

역불능급
亦不能及이니라

여일불소　　여시시방　　여전소설이소세계
如一佛所하야 如是十方에 如前所說爾所世界

미진수불　　부과차수　　무량무변　　　어피
微塵數佛이 復過此數하야 無量無邊이어든 於彼

일일제여래소　　소유법명법조법우　　삼세
一一諸如來所에 所有法明法照法雨의 三世

법장　　개능안능수　　능섭능지　　시고차
法藏을 皆能安能受하며 能攝能持일새 是故此

지　　명위법운
地가 名爲法雲이니라

불자　차지보살　　이자원력　　기대비운
佛子야 此地菩薩이 以自願力으로 起大悲雲하며

한 부처님 처소에서와 같이, 이와 같이 시방의 앞에서 말한 것과 같은 그러한 바 세계의 미세한 티끌 수의 부처님이 다시 이 수를 넘어서서 한량없고 가없으니, 그 낱낱 모든 여래의 처소에 있는 바 법의 광명과 법의 비춤과 법의 비인 삼세의 법장을 모두 능히 즐기고 능히 받고 능히 거두고 능히 지닌다. 그러므로 이 지위를 법운이라 이름한다.

 불자여, 이 지위의 보살이 스스로의 원력으로 대비의 구름을 일으키고, 큰 법의 우레를 진동한다.

진대법뇌
震大法雷하니라

통명무외 이위전광 복덕지혜 이위밀
通明無畏로 以爲電光하며 福德智慧로 而爲密

운 현종종신 주선왕반 어일념경
雲하야 現種種身하야 周旋往返호대 於一念頃에

보변시방백천억나유타세계미진수국토
普徧十方百千億那由他世界微塵數國土하야

연설대법 최복마원
演說大法하야 摧伏魔怨하니라

부과차수 어무량백천억나유타세계미진
復過此數하야 於無量百千億那由他世界微塵

수국토 수제중생심지소락 주감로우
數國土에 隨諸衆生心之所樂하야 霔甘露雨하야

멸제일체중혹진염 시고차지 명위법
滅除一切衆惑塵燄일새 是故此地가 名爲法

신통과 밝음과 두려움 없음이 번개가 되고 복덕과 지혜가 빽빽한 구름이 되어 갖가지 몸을 나타내어 가고 오고 두루 돌면서, 한 생각 사이에 시방으로 백천억 나유타 세계의 미세한 티끌 수의 국토에 널리 두루하며 큰 법을 연설하여 마군과 원수들을 꺾어 굴복시킨다.

  다시 이 수를 넘어서서 한량없는 백천억 나유타 세계의 미세한 티끌 수의 국토에서, 모든 중생들의 마음에 즐겨하는 바를 따라서 감로의 비를 내려 일체 온갖 번뇌의 불을 소멸한다. 그러므로 이 지위를 법운이라 이름한

雲이니라

佛子야 此地菩薩이 於一世界에 從兜率天下하야

乃至涅槃히 隨所應度衆生心하야 而現佛事하나니라

若二若三으로 乃至如上微塵數國土하며 復

過於此하야 乃至無量百千億那由他世界微

塵數國土에 皆亦如是일새 是故此地가 名爲法

雲이니라

다.

　불자여, 이 지위의 보살이 한 세계에서 도솔천으로부터 내려와, 이에 열반에 이르기까지 제도 받을 중생들의 마음을 따라서 불사를 나타낸다.

　혹은 둘 혹은 셋 내지 위와 같은 미세한 티끌 수의 국토와, 다시 이 수를 넘어서서 내지 한량없는 백천억 나유타 세계의 미세한 티끌 수의 국토에서도 모두 또한 이와 같다. 그러므로 이 지위를 법운이라 이름한다.

불자　　차지보살　　　지혜명달　　　신통자재
佛子야 此地菩薩이 智慧明達하고 神通自在하야

수기심념　　　능이협세계　　작광세계　　　광
隨其心念하야 能以狹世界로 作廣世界하고 廣

세계　　작협세계　　　구세계　　작정세계　　　정
世界로 作狹世界하며 垢世界로 作淨世界하고 淨

세계　　작구세계　　　난주차주　　도주정주
世界로 作垢世界하며 亂住次住와 倒住正住의

여시무량일체세계　　개능호작
如是無量一切世界를 皆能互作하나라

혹수심념　　　어일진중　　치일세계　　수미로
或隨心念하야 於一塵中에 置一世界의 須彌盧

등일체산천　　　진상여고　　　세계불감
等一切山川호대 塵相如故하고 世界不減하나라

혹부어일미진지중　　치이치삼　　내지불가
或復於一微塵之中에 置二置三과 乃至不可

불자여, 이 지위의 보살이 지혜가 밝게 통달하고 신통이 자재하여 그 마음의 생각을 따라서 능히 좁은 세계로 넓은 세계를 짓고 넓은 세계로 좁은 세계를 지으며, 더러운 세계로 깨끗한 세계를 짓고 깨끗한 세계로 더러운 세계를 지으며, 어지럽게 머무르고 차례대로 머무르며, 거꾸로 머무르고 바로 머무르는, 이와 같이 한량없는 일체 세계를 모두 능히 서로 짓는다.

혹은 마음의 생각을 따라서 한 티끌 속에 한 세계의 수미로 등의 일체 산과 강을 두더라도 티끌의 모양이 그대로이고 세계도 줄어들지 아니한다.

설세계　　수미로등일체산천　　이피미진
說世界의 須彌盧等一切山川호대 而彼微塵이

체상여본　　어중세계　실득명현
體相如本하고 於中世界가 悉得明現하니라

혹수심념　　어일세계중　　시현이세계장
或隨心念하야 於一世界中에 示現二世界莊

엄　내지불가설세계장엄　　혹어일세계장
嚴과 乃至不可說世界莊嚴하고 或於一世界莊

엄중　시현이세계　내지불가설세계
嚴中에 示現二世界와 乃至不可說世界하니라

혹수심념　　이불가설세계중중생　　치일
或隨心念하야 以不可說世界中衆生으로 置一

세계　혹수심념　　이일세계중중생　　치
世界하고 或隨心念하야 以一世界中衆生으로 置

불가설세계　　이어중생　무소요해
不可說世界호대 而於衆生에 無所嬈害하니라

혹은 다시 한 미세한 티끌 속에 둘을 두고 셋 내지 말할 수 없는 세계의 수미로 등의 일체 산과 강을 두더라도 그 미세한 티끌의 체상이 본래와 같고 그 속의 세계도 모두 분명히 나타난다.

혹은 마음의 생각을 따라서 한 세계 가운데 두 세계의 장엄과 내지 말할 수 없는 세계의 장엄을 나타내 보이고, 혹은 한 세계의 장엄 가운데 두 세계 내지 말할 수 없는 세계를 나타내 보인다.

혹은 마음의 생각을 따라서 말할 수 없는 세계 속의 중생들을 한 세계에 두고, 혹은 마음

혹수심념　　어일모공　　시현일체불경계장
或隨心念하야 於一毛孔에 示現一切佛境界莊

엄지사
嚴之事하나니라

혹수심념　　어일념중　　시현불가설세계미
或隨心念하야 於一念中에 示現不可說世界微

진수신　　일일신　　시현여시미진수수
塵數身하고 一一身에 示現如是微塵數手하고

일일수　　각집항하사수화렴향협만개당번
一一手에 各執恒河沙數華匳香篋鬘蓋幢幡하야

주변시방　　공양어불　　일일신　　부시
周徧十方하야 供養於佛하나니라 一一身에 復示

현이허미진수두　　일일두　　부현이허미
現爾許微塵數頭하고 一一頭에 復現爾許微

진수설　　어염념중　　주변시방　　탄불공
塵數舌하야 於念念中에 周徧十方하야 歎佛功

의 생각을 따라서 한 세계 속의 중생들을 말할 수 없는 세계에 두더라도 중생들에게 번거롭거나 해로운 바가 없다.

혹은 마음의 생각을 따라서 한 모공에 일체 부처님의 경계와 장엄의 일을 나타내 보인다.

혹은 마음의 생각을 따라서 한 생각 동안에 말할 수 없는 세계의 미세한 티끌 수의 몸을 나타내 보이고, 낱낱 몸에 이와 같은 미세한 티끌 수의 손을 나타내 보이고, 낱낱 손에 각각 항하의 모래 수 같은 꽃바구니와 향 상자와 화만과 일산과 깃대와 깃발을 들고 시방에 두루하며 부처님께 공양올린다. 낱낱 몸에

덕
德하나라

혹수심념 어일념간 보변시방 시성
或隨心念하야 於一念間에 普徧十方하야 示成

정각 내지열반 급이국토장엄지사
正覺과 乃至涅槃과 及以國土莊嚴之事하나라

혹현기신 보변삼세 이어신중 유무
或現其身하야 普徧三世호대 而於身中에 有無

량제불 급불국토장엄지사 세계성괴 미
量諸佛과 及佛國土莊嚴之事와 世界成壞를 靡

불개현
不皆現하나라

혹어자신일모공중 출일체풍 이어중생
或於自身一毛孔中에 出一切風호대 而於衆生에

무소뇌해
無所惱害하나라

다시 그러한 미세한 티끌 수의 머리를 나타내 보이고, 낱낱 머리에 다시 그러한 미세한 티끌 수의 혀를 나타내어, 생각생각에 시방에 두루 하며 부처님의 공덕을 찬탄한다.

혹은 마음의 생각을 따라서 한 생각 사이에 널리 시방에 두루하며 바른 깨달음 이룸과 내지 열반과 국토를 장엄하는 일을 보인다.

혹은 그 몸이 삼세에 널리 두루함을 나타내 되, 몸 가운데 한량없는 모든 부처님과 부처님 국토의 장엄한 일과 세계가 이루어지고 무너짐이 있음을 모두 나타내지 않음이 없다.

혹은 자신의 한 모공에서 일체 바람을 내되

혹수심념　　이무변세계　　위일대해　　　차
或隨心念하야 以無邊世界로 爲一大海하고 此

해수중　　현대련화　　광명엄호　　　변부무
海水中에 現大蓮華호대 光明嚴好하야 徧覆無

량무변세계　　어중　　시현대보리수장엄지
量無邊世界어든 於中에 示現大菩提樹莊嚴之

사　　내지시성일체종지
事하고 乃至示成一切種智하니라

혹어기신　　현시방세계일체광명　　마니보
或於其身에 現十方世界一切光明하야 摩尼寶

주　일월성수　　운전등광　　미불개현
珠와 日月星宿와 雲電等光을 靡不皆現하니라

혹이구허기　　능동시방무량세계　　　이불
或以口噓氣하야 能動十方無量世界호대 而不

령중생　　유경포상　　혹현시방풍재화재
令衆生으로 有驚怖想하며 或現十方風災火災와

중생에게는 괴롭거나 해로운 바가 없다.

 혹은 마음의 생각을 따라서 가없는 세계로 하나의 큰 바다를 받들고, 이 바닷물 가운데 큰 연꽃을 나타내는데, 광명이 아름답게 장엄하여 한량없고 가없는 세계를 두루 덮으며, 그 가운데 큰 보리수를 장엄하는 일을 나타내 보이고, 내지 일체종지를 성취함을 보인다.

 혹은 그 몸에서 시방 세계의 일체 광명을 나타내니, 마니보배 구슬과 해와 달과 별과 구름과 번개 등의 빛을 모두 나타내지 않음이 없다.

 혹은 입으로 입김을 불어서 능히 시방의 한량없는 세계를 흔들되 중생들이 놀랍고 두려

급이수재
及以水災하니라

혹수중생심지소락　　시현색신장엄구족
或隨衆生心之所樂하야 示現色身莊嚴具足하며

혹어자신　　시현불신　　혹어불신　　이현자
或於自身에 示現佛身하고 或於佛身에 而現自

신　　혹어불신　　현기국토　　혹어기국토
身하며 或於佛身에 現己國土하고 或於己國土에

이현불신
而現佛身하나니라

불자　차법운지보살　능현여시　급여무량
佛子야 此法雲地菩薩이 能現如是와 及餘無量

백천억나유타자재신력
百千億那由他自在神力이니라

운 생각을 가지게 하지 않으며, 혹은 시방의 풍재와 화재와 그리고 수재를 나타낸다.

혹은 중생의 마음에 좋아하는 바를 따라서 색신의 장엄이 구족함을 나타내 보인다.

혹은 자기의 몸에서 부처님의 몸을 나타내 보이고, 혹은 부처님의 몸에서 자기의 몸을 나타내며, 혹은 부처님의 몸에서 자기의 국토를 나타내며, 혹은 자기의 국토에서 부처님의 몸을 나타낸다.

불자여, 이 법운지 보살이 이와 같은 것과 그 외 한량없는 백천억 나유타의 자재한 신력을 능히 나타낸다."

爾時에 會中諸菩薩과 及天龍夜叉와 乾闥婆와

阿脩羅와 護世四王과 釋提桓因과 梵天淨居와

摩醯首羅인 諸天子等이 咸作是念호대 若菩

薩의 神通智力이 能如是者인댄 佛復云何오하니라

爾時에 解脫月菩薩이 知諸衆會心之所念하고

白金剛藏菩薩言하사대 佛子야 今此大衆이 聞

其菩薩의 神通智力하고 墮在疑網이로소니 善哉라

仁者여 爲斷彼疑하야 當少示現菩薩의 神力莊

그때에 모임 중의 모든 보살들과 천신과 용과 야차와 건달바와 아수라와 세상을 보호하는 사천왕과 석제환인과 범천과 정거천과 마혜수라의 모든 천자들이 모두 이 생각을 하기를, '만약 보살의 신통과 지혜의 힘이 능히 이와 같다면 부처님은 다시 어떠하시겠는가?'라고 하였다.

그때에 해탈월 보살이 모든 대중모임의 마음에 생각하는 바를 알고 금강장 보살에게 말하였다.

"불자여, 지금 이 대중들이 그 보살의 신통과 지혜의 힘을 듣고 의심의 그물에 떨어졌습

엄지사
嚴之事하소서

시   금강장보살   즉입일체불국토체성삼
時에 金剛藏菩薩이 卽入一切佛國土體性三

매
昧하시니라

입차삼매시   제보살   급일체대중   개자견
入此三昧時에 諸菩薩과 及一切大衆이 皆自見

신   재금강장보살신내   어중   실견삼천
身이 在金剛藏菩薩身內하야 於中에 悉見三千

대천세계   소유종종장엄지사   경어억겁
大千世界의 所有種種莊嚴之事가 經於億劫토록

설불능진
說不能盡하니라

니다. 훌륭합니다. 어진 이시여, 그들의 의심을 끊기 위하여 마땅히 보살의 신통한 힘과 장엄의 일을 조금만 나타내 보여주십시오."

그때에 금강장 보살이 곧 일체 부처님 국토의 체성 삼매에 들었다.

이 삼매에 든 때에 모든 보살들과 일체 대중이 모두 스스로 몸이 금강장 보살의 몸 안에 있음을 보았으며, 그 속에서 삼천대천세계에 있는 갖가지 장엄하는 일을 다 보는데, 억겁을 지내도록 말하여도 다할 수 없었다.

또 그 가운데서 보리수를 보니, 그 밑동은

우어기중 견보리수 기신주위 십만
又於其中에 見菩提樹하니 其身周圍가 十萬

삼천대천세계 고 백만삼천대천세계 지
三千大千世界요 高는 百萬三千大千世界요 枝

엽소음 역부여시 칭수형량 유사자
葉所蔭도 亦復如是어든 稱樹形量하야 有師子

좌 좌상 유불 호일체지통왕
座하고 座上에 有佛하시니 号一切智通王이라

일체대중 실견기불 좌보리수하사자좌
一切大衆이 悉見其佛이 坐菩提樹下師子座

상 종종제상 이위장엄 가사억겁
上하사 種種諸相으로 以爲莊嚴하야 假使億劫이라도

설불능진
說不能盡이러라

금강장보살 시현여시대신력이 환령
金剛藏菩薩이 示現如是大神力已하시고 還令

주위가 십만 삼천대천세계이고, 높이는 백만 삼천대천세계이고, 가지와 잎으로 덮인 것도 또한 이와 같았다. 나무의 형태와 크기에 알맞게 사자좌가 있고, 자리 위에 부처님이 계시니 그 명호는 일체지통왕이시다.

 일체 대중이 다 보니, 그 부처님께서 보리수 아래 사자좌 위에 앉으셨는데 갖가지 모든 모양으로 장엄하여 가령 억겁을 설하더라도 다 할 수 없었다.

 금강장 보살이 이와 같은 큰 위신력을 나타내 보이고는 다시 대중모임이 각각 제자리에 있게 하였다.

중회　각재본처
衆會로 **各在本處**케하시니라

시제대중　득미증유　　생기특상　　묵연
時諸大衆이 **得未曾有**하야 **生奇特想**하고 **黙然**

이주　　향금강장　　일심첨앙
而住하야 **向金剛藏**하야 **一心瞻仰**이러라

이시　　해탈월보살　　백금강장보살언
爾時에 **解脫月菩薩**이 **白金剛藏菩薩言**하사대

불자　금차삼매　심위희유　　유대세력
佛子야 **今此三昧**가 **甚爲希有**하야 **有大勢力**하니

기명하등
其名何等이니잇고

금강장　언　　차삼매　명일체불국토체
金剛藏이 **言**하사대 **此三昧**는 **名一切佛國土體**

그때에 모든 대중들이 일찍이 있지 않았던 일을 얻어 기이하고 특이하다는 생각을 내고 잠자코 머무르며 금강장 보살을 향하여 일심으로 우러러보았다.

그때에 해탈월 보살이 금강장 보살에게 말하였다. "불자여, 지금 이 삼매가 매우 희유하고 큰 세력이 있습니다. 그 이름이 무엇입니까?"

금강장 보살이 말하였다. "이 삼매는 이름이 일체 부처님 국토의 체성이다."

또 물었다. "이 삼매의 경계는 어떠합니까?"

답하여 말하였다.

성
性이니라

우문차삼매 경계운하
又問此三昧가 **境界云何**니잇고

답언
答言하시니라

불자 약보살 수차삼매 수심소념
佛子야 **若菩薩**이 **修此三昧**하면 **隨心所念**하야

능어신중 현항하사세계미진수불찰 부
能於身中에 **現恒河沙世界微塵數佛刹**하며 **復**

과차수 무량무변
過此數하야 **無量無邊**이니라

불자 보살 주법운지 득여시등무량백천
佛子야 **菩薩**이 **住法雲地**에 **得如是等無量百千**

제대삼매고 차보살신 신업 불가측지
諸大三昧故로 **此菩薩身**과 **身業**을 **不可測知**며

"불자여, 만약 보살이 이 삼매를 닦으면 마음이 생각하는 바를 따라서 능히 몸에 항하모래 수 같은 세계의 미세한 티끌 수의 부처님 세계를 나타내고, 다시 이 수를 넘어서서 한량없고 가없다.

불자여, 보살이 법운지에 머물러서 이와 같은 등 한량없는 백천 가지 모든 큰 삼매를 얻은 까닭으로 이 보살의 몸과 몸의 업을 헤아려 알 수 없으며, 말과 말의 업과, 뜻과 뜻의 업과, 신통이 자재함과, 삼세를 관찰함과, 삼매의 경계와, 지혜의 경계와, 일체 모든 해탈문에 유희함과, 변화로 짓는 바와, 위신력으

어어업　　　의의업　　　신통자재　　　관찰삼세　　　삼
語語業과　意意業과　神通自在와　觀察三世와　三

매경계　　　지혜경계　　　유희일체제해탈문　　　변
昧境界와　智慧境界와　遊戲一切諸解脫門과　變

화소작　　　신력소작　　　광명소작　　　약설내지거
化所作과　神力所作과　光明所作과　略說乃至擧

족하족　　　　여시일체제유소작　　　내지법왕자
足下足하는　如是一切諸有所作을　乃至法王子

주　　선혜지보살　　　　개불능지
住와　善慧地菩薩이라도　皆不能知니라

불자　　차법운지보살　　　소유경계　　　약설여
佛子야　此法雲地菩薩의　所有境界가　略說如

시　　　　약광설자　　　가사무량백천아승지
是어니와　若廣說者인댄　假使無量百千阿僧祇

겁　　　역불능진
劫이라도　亦不能盡이니라

로 짓는 바와, 광명으로 짓는 바와, 간략히 말하면 발을 들고 발을 내리는 일에 이르기까지, 이와 같은 일체 모든 짓는 바를, 내지 법왕자주와 선혜지의 보살이라도 모두 능히 알지 못한다.

불자여, 이 법운지 보살의 가진 바 경계를 간략히 말하면 이와 같거니와, 만약 널리 말한다면 가령 한량없는 백천 아승지 겁 동안이라도 다할 수 없다."

해탈월 보살이 말하였다.

"불자여, 만약 보살의 신통 경계가 이와 같다면, 부처님의 신통력은 다시 어떠하시겠습니

해탈월보살　언
解脫月菩薩이 言하시니라

불자　약보살신통경계　여시　　불신통력
佛子야 若菩薩神通境界가 如是인댄 佛神通力은

기부운하
其復云何니잇고

금강장　　언
金剛藏이 言하시니라

불자　비여유인　어사천하　취일괴토
佛子야 譬如有人이 於四天下에 取一塊土하야

이작시언　　위무변세계대지토　다　위차
而作是言호대 爲無邊世界大地土가 多아 爲此

토　다　　아관여문　　역부여시　　여래
土가 多아하야 我觀汝問호니 亦復如是로다 如來

지혜　무변무등　　운하이여보살비량
智慧는 無邊無等이어니 云何而與菩薩比量이리오

까?"

금강장 보살이 말하였다.

"불자여, 비유하면 어떤 사람이 사천하에서 한 덩이 흙을 들고 말하기를, '가없는 세계의 대지의 흙이 많겠는가, 이 흙이 많겠는가?'라고 하는 것과 같다. 내가 보건대 그대의 물음도 또한 이와 같다. 여래의 지혜는 가없고 같음이 없거늘, 어떻게 보살과 더불어 견주어 헤아리겠는가?

다시 또 불자여, 마치 사천하에서 조금의 흙을 취하면 나머지가 한량없는 것과 같이, 이 법운지의 신통과 지혜도 한량없는 겁에 단지

부차불자　　여사천하　　취소허토　　여자무
復次佛子야 如四天下에 取少許土하면 餘者無

량　　　차법운지신통지혜　　어무량겁　　단설
量이니 此法雲地神通智慧도 於無量劫에 但說

소분　　　황여래지
少分이어든 況如來地아

불자　　아금위여　　　인사위증　　　영여득지
佛子야 我今爲汝하야 引事爲證하야 令汝得知

여래경계
如來境界케호리라

불자　가사시방　　일일방　　각유무변세계미
佛子야 假使十方의 一一方에 各有無邊世界微

진수제불국토　　　일일국토　　　득여시지보
塵數諸佛國土하고 一一國土에 得如是地菩

살　충만　　　여감자죽위도마총림　　　피제
薩이 充滿호대 如甘蔗竹葦稻麻叢林이어든 彼諸

조금만 말할 수 있거늘, 하물며 여래의 지위이겠는가?

불자여, 내 이제 그대를 위하여 사례를 끌어 가지고 증명하여 그대가 여래의 경계를 알게 하리라.

불자여, 가령 시방의 낱낱 방위에 각각 가없는 세계의 미세한 티끌 수의 모든 부처님의 국토가 있고, 낱낱 국토에 이와 같은 지위를 얻은 보살들이 충만하니 마치 사탕수수와 대나무와 갈대와 벼와 삼의 숲과 같은데, 그 모든 보살들이 백천억 나유타 겁에 보살행을 닦아서 생긴 지혜를 한 여래의 지혜의 경계에 비한

菩薩ᄋᆡ 於百千億那由他劫에 修菩薩行하야 所
生智慧를 比一如來智慧境界하면 百分에 不及
一이며 乃至優波尼沙陀分에도 亦不能及이니라

佛子야 此菩薩이 住如是智慧에 不異如來身語
意業호대 不捨菩薩의 諸三昧力하고 於無數劫에
承事供養一切諸佛하니라

一一劫中에 以一切種供養之具로 而爲供

다면 백분의 하나에 미치지 못하고, 내지 우파니사타 분의 하나에도 또한 능히 미치지 못한다.

　불자여, 이 보살이 이와 같은 지혜에 머무름에 여래의 몸과 말과 뜻의 업과 다르지 않으면서 보살의 모든 삼매의 힘을 버리지 않고 수없는 겁 동안 일체 모든 부처님을 받들어 섬기며 공양올린다.

　낱낱 겁에 일체 종류의 공양거리로 공양올리며, 일체 모든 부처님 위신력의 가피로 지혜의 광명이 점차 더욱 증장하고 수승해지며, 법계

養하며 一切諸佛神力所加로 智慧光明이 轉更
增勝하야 於法界中에 所有問難을 善爲解釋하야
百千億劫에 無能屈者니라

佛子야 譬如金師가 以上妙眞金으로 作嚴身
具하고 大摩尼寶로 鈿廁其間이어든 自在天王이
身自服戴하면 其餘天人莊嚴之具의 所不能
及인달하야 此地菩薩도 亦復如是하야 始從初地로 乃
至九地히 一切菩薩의 所有智行이 皆不能及이니라

에 있는 바 질문을 잘 해석하여 백천억 겁에 능히 굴복시킬 자가 없다.

불자여, 비유하면 금을 다루는 사람이 가장 미묘한 진금으로 몸을 장엄할 거리를 만들고 큰 마니 보배로 그 사이에 박아서 장식한 것을 자재천왕이 몸에 스스로 걸치면 다른 천인들의 장엄거리는 미칠 수 없는 바인 것과 같이, 이 지위의 보살도 또한 이와 같아서 처음 초지로부터 9지에 이르는 일체 보살의 있는 바 지혜와 행이 모두 미칠 수 없다.

이 지위의 보살의 지혜 광명은 능히 중생으로 하여금 내지 일체지의 지혜에 들어가게

此地菩薩의 智慧光明은 能令衆生으로 乃至入

於一切智智어니와 餘智光明은 無能如是니라

佛子야 譬如摩醯首羅天王光明이 能令衆生으로 身心淸涼일새 一切光明의 所不能及인달하야

此地菩薩의 智慧光明도 亦復如是하야 能令衆生으로 皆得淸涼하며 乃至住於一切智智일새 一切聲聞辟支佛과 乃至第九地菩薩의 智慧光明이 悉不能及이니라

하니, 다른 지혜의 광명은 이와 같을 수 없다.

불자여, 비유하면 마혜수라천왕의 광명이 능히 중생으로 하여금 몸과 마음이 청량하게 하니 일체 광명이 미칠 수 없는 것과 같이, 이 지위의 보살의 지혜 광명도 또한 이와 같아서 능히 중생으로 하여금 모두 청량함을 얻게 하며, 내지 일체지의 지혜에 머무르게 하니 일체 성문과 벽지불과 내지 제9지 보살의 지혜 광명이 다 미칠 수 없다.

佛子야 此菩薩摩訶薩이 已能安住如是智慧일새

諸佛世尊이 復更爲說三世智와 法界差別

智와 徧一切世界智와 照一切世界智와 慈念

一切衆生智하시나니 擧要言之인댄 乃至爲說得

一切智智니라

此菩薩이 十波羅蜜中에 智波羅蜜이 最爲增

上이언정 餘波羅蜜을 非不修行이니라

佛子야 是名略說菩薩摩訶薩의 第十法雲地니

불자여, 이 보살마하살이 이미 능히 이와 같은 지혜에 편안히 머물렀으니 모든 부처님 세존께서 다시 또 삼세의 지혜와, 법계의 차별한 지혜와, 일체 세계에 두루하는 지혜와, 일체 세계를 비추는 지혜와, 일체 중생을 자애롭게 생각하는 지혜를 설하신다. 중요한 점을 들어 말하면 내지 일체지를 얻는 지혜를 설하신다.

이 보살이 십바라밀 중에는 지바라밀이 가장 늘어나나, 다른 바라밀을 닦지 않는 것은 아니다.

불자여, 이것이 보살마하살의 제10 법운지를

若廣說者insist假使無量阿僧祇劫이라도 亦不能

盡이니라

佛子야 菩薩이 住此地에 多作摩醯首羅天王하야

於法自在하야 能授衆生聲聞獨覺一切菩薩

波羅蜜行하며 於法界中에 所有問難이 無能屈

者하며 布施愛語利行同事하나니라

如是一切諸所作業이 皆不離念佛하며 乃至不

간략하게 설한 것이다. 만약 자세히 설한다면 가령 한량없는 아승지 겁이라도 또한 다할 수 없다.

불자여, 보살이 이 지위에 머물러서는 마혜수라천의 왕이 많이 되며, 법에 자재하여 능히 중생과 성문과 독각과 일체 보살에게 바라밀 행을 주며, 법계에 있는 질문으로는 능히 굽힐 자가 없으며, 보시하고 사랑스러운 말을 하고 이익하게 하는 행을 하고 일을 같이 한다.

이와 같은 일체 모든 짓는 바 업이 모두 부처님을 생각함을 여의지 아니하며, 내지 일체종

離念具足一切種과 一切智智니라

復作是念호대 我當於一切衆生에 爲首며 爲勝이며 乃至爲一切智智依止者라하나니라

若勤加精進하면 於一念頃에 得十不可說百千億 那由他佛刹微塵數三昧하며 乃至示現爾所微 塵數菩薩로 以爲眷屬이니라

若以菩薩殊勝願力으로 自在示現인댄 過於此

과 일체지의 지혜 구족하기를 생각함을 여의지 아니한다.

다시 이 생각을 하기를, '내가 마땅히 일체 중생들 가운데 상수가 되며, 수승한 이가 되고, 내지 일체지의 지혜에 의지하는 자가 될 것이다.'라고 한다.

만약 부지런히 정진을 하면 한 생각 사이에 열 개의 말할 수 없는 백천억 나유타 부처님 세계의 미세한 티끌 수의 삼매를 얻으며, 내지 그러한 바 미세한 티끌 수의 보살들을 권속으로 삼음을 나타내 보인다.

수　　소위약수행　　약장엄　　약신해　　약소
數니 所謂若修行과 若莊嚴과 若信解와 若所

작　약신　약어　약광명　약제근　약신변
作과 若身과 若語와 若光明과 若諸根과 若神變과

약음성　약행처　내지백천억나유타겁
若音聲과 若行處를 乃至百千億那由他劫에도

불능수지
不能數知니라

만약 보살의 수승한 원력으로 자재하게 나타내 보이면 이 수를 넘어서니, 이른바 수행과 장엄과 믿고 이해함과 짓는 일과 몸과 말과 광명과 모든 근과 신통 변화와 음성과 행하는 곳을 내지 백천억 나유타 겁에도 세어서 알 수 없다.

佛子ᄋᆞ 此菩薩摩訶薩이 十地行相이 次第現

前하면 則能趣入一切智智하나니라

譬如阿耨達池에 出四大河하니 其河流注하야

遍閻浮提호대 旣無盡竭하고 復更增長하며 乃至

入海하야 令其充滿인달하니라

佛子야 菩薩도 亦爾하야 從菩提心으로 流出善

根大願之水하야 以四攝法으로 充滿衆生호대 無

有窮盡하고 復更增長하며 乃至入於一切智海하야

불자여, 이 보살마하살이 십지의 행상이 차례로 앞에 나타나면 능히 일체지의 지혜에 들어간다.

비유하면 아뇩달지에서 네 개의 큰 강이 흘러나오니, 그 강이 흐르고 흘러 염부제에 두루 하되 이미 다하여 마르지 아니하고 다시 더욱 불어나며 내지 바다에 들어가서 가득 차게 하는 것과 같다.

불자여, 보살도 또한 그러하여 보리심으로부터 선근과 큰 서원의 물이 흘러나와서 네 가지 거두어 주는 법으로 중생을 가득 채우되 끝까지 다하지 아니하고 다시 더욱 불어나며

영기충만
令其充滿이니라

불자 보살십지 인불지고 이유차별 여
佛子야 菩薩十地가 因佛智故로 而有差別이 如

인대지 유십산왕
因大地하야 有十山王하니라

하등 위십 소위설산왕 향산왕 비타리
何等이 爲十고 所謂雪山王과 香山王과 鞞陀梨

산왕 신선산왕 유건타산왕 마이산왕
山王과 神仙山王과 由軋陀山王과 馬耳山王과

니민다라산왕 작갈라산왕 계도말저산
尼民陀羅山王과 斫羯羅山王과 計都末底山

왕 수미로산왕
王과 須彌盧山王이라

내지 일체지의 바다에 들어가서 가득 차게 한다.

불자여, 보살의 십지가 부처님의 지혜로 인하여 차별이 있는 것이 마치 대지로 인하여 열 개의 산왕이 있는 것과 같다.

무엇이 열인가? 이른바 설산왕과 향산왕과 비타리산왕과 신선산왕과 유건타산왕과 마이산왕과 니민다라산왕과 작갈라산왕과 계도말저산왕과 수미로산왕이다.

불자여, 마치 설산왕은 일체 약초가 모두 그 가운데 있어서 캐내어도 다하지 않듯이, 보살

불자 여설산왕   일체약초   함재기중
佛子야 如雪山王에 一切藥草가 咸在其中하야

취불가진   보살소주환희지   역부여
取不可盡인달하야 菩薩所住歡喜地도 亦復如

시   일체세간경서기예문송주술   함재기
是하야 一切世間經書技藝文頌呪術이 咸在其

중   설불가진
中하야 說不可盡이니라

불자 여향산왕   일체제향   함집기중
佛子야 如香山王에 一切諸香이 咸集其中하야

취불가진   보살소주이구지   역부여
取不可盡인달하야 菩薩所住離垢地도 亦復如

시   일체보살 계행위의   함재기중
是하야 一切菩薩의 戒行威儀가 咸在其中하야

설불가진
說不可盡이니라

이 머무르는 바 환희지도 또한 이와 같아서 일체 세간의 경서와 기예와 글과 게송과 주술이 모두 그 가운데 있어서 설하여도 다할 수 없다.

불자여, 마치 향산왕은 일체 모든 향이 모두 그 가운데 모여서 취하여도 다하지 않듯이, 보살이 머무르는 바 이구지도 또한 이와 같아서 일체 보살의 계행과 위의가 모두 그 가운데 있어서 설하여도 다할 수 없다.

불자여, 마치 비타리산왕은 순전한 보배로 이루어져 있고 일체 온갖 보배가 모두 그 가운데 있어서 취하여도 다하지 않듯이, 보살

佛子야 如鞞陀梨山王이 純寶所成이라 一切衆

寶가 咸在其中하야 取不可盡인달하야 菩薩所住

發光地도 亦復如是하야 一切世間禪定神通解

脫三昧三摩鉢底가 咸在其中하야 說不可盡이니라

佛子야 如神仙山王이 純寶所成이라 五通神仙이

咸住其中하야 無有窮盡인달하야 菩薩所住焰慧

地도 亦復如是하야 一切道中殊勝智慧가 咸在

其中하야 說不可盡이니라

이 머무르는 바 발광지도 또한 이와 같아서 일체 세간의 선정과 신통과 해탈과 삼매와 삼마발저가 모두 그 가운데 있어서 설하여도 다할 수 없다.

 불자여, 마치 신선산왕은 순전한 보배로 이루어져 있고 오신통의 신선들이 모두 그 가운데 머물러서 끝까지 다함이 없듯이, 보살이 머무르는 바 염혜지도 또한 이와 같아서 일체의 도 가운데 수승한 지혜가 모두 그 가운데 있어서 설하여도 다할 수 없다.

 불자여, 마치 유건타라산왕은 순전한 보배로 이루어져 있고 야차의 큰 신들이 모두 그 가

佛子야 如由乾陀羅山王이 純寶所成이라 夜叉

大神이 咸住其中하야 無有窮盡인달하야 菩薩所

住難勝地도 亦復如是하야 一切自在如意神

通이 咸在其中하야 說不可盡이니라

佛子야 如馬耳山王이 純寶所成이라 一切諸

果가 咸在其中하야 取不可盡인달하야 菩薩所住

現前地도 亦復如是하야 入緣起理한 聲聞果

證이 咸在其中하야 說不可盡이니라

운데 머물러서 끝까지 다함이 없듯이, 보살이 머무르는 바 난승지도 또한 이와 같아서 일체 자재하고 뜻대로 되는 신통이 모두 그 가운데 있어서 설하여도 다할 수 없다.

불자여, 마치 마이산왕은 순전한 보배로 이루어져 있고 일체 모든 과일이 모두 그 가운데 있어서 취하여도 다하지 않듯이, 보살이 머무르는 바 현전지도 또한 이와 같아서 연기의 이치에 들어가 성문의 과보를 증득함이 모두 그 가운데 있어서 설하여도 다할 수 없다.

마치 니민다라산왕은 순전한 보배로 이루어져 있고 큰 힘의 용신들이 모두 그 가운데 머

여니민다라산왕　　순보소성　　　대력용신
如尼民陀羅山王이 純寶所成이라 大力龍神이

함주기중　　무유궁진　　　보살소주원행
咸住其中하야 無有窮盡인달하야 菩薩所住遠行

지　역부여시　　방편지혜독각과증　　함재
地도 亦復如是하야 方便智慧獨覺果證이 咸在

기중　　설불가진
其中하야 說不可盡이니라

여작갈라산왕　　순보소성　　제자재중　　함
如斫羯羅山王이 純寶所成이라 諸自在衆이 咸

주기중　　무유궁진　　　보살소주부동지
住其中하야 無有窮盡인달하야 菩薩所住不動地도

역부여시　　일체보살　자재행차별세계
亦復如是하야 一切菩薩의 自在行差別世界가

함재기중　　설불가진
咸在其中하야 說不可盡이니라

물러서 끝까지 다함이 없듯이, 보살이 머무르는 바 원행지도 또한 이와 같아서 방편 지혜로 독각의 과보를 증득함이 모두 그 가운데 있어서 설하여도 다할 수 없다.

 마치 작갈라산왕은 순전한 보배로 이루어져 있고 모든 자재한 대중들이 모두 그 가운데 머물러서 끝까지 다함이 없듯이, 보살이 머무르는 바 부동지도 또한 이와 같아서 일체 보살이 자재하게 행하는 차별한 세계가 모두 그 가운데 있어서 설하여도 다할 수 없다.

 마치 계도산왕은 순전한 보배로 이루어져 있고 큰 위덕의 아수라왕이 모두 그 가운데 머

如計都山王이 純寶所成이라 大威德阿脩羅

王이 咸住其中하야 無有窮盡인달하야 菩薩所住

善慧地도 亦復如是하야 一切世間生滅智行이

咸在其中하야 說不可盡이니라

如須彌盧山王이 純寶所成이라 大威德諸天이

咸住其中하야 無有窮盡인달하야 菩薩所住法雲

地도 亦復如是하야 如來力無畏不共法一切佛

事가 咸在其中하야 問答宣說이 不可窮盡이니라

물러서 끝까지 다함이 없듯이, 보살이 머무르는 바 선혜지도 또한 이와 같아서 일체 세간의 생멸에 대한 지혜의 행이 모두 그 가운데 있어서 설하여도 다할 수 없다.

마치 수미로산왕은 순전한 보배로 이루어져 있고 큰 위덕의 모든 천신들이 모두 그 가운데 머물러서 끝까지 다함이 없듯이, 보살이 머무르는 바 법운지도 또한 이와 같아서 여래의 힘과 두려움 없음과 함께하지 않는 법의 일체 부처님의 일이 모두 그 가운데 있어서 묻고 대답하고 선설하여도 끝까지 다할 수 없다.

불자여, 이 열 개의 보배산왕이 함께 큰 바

불자　　차십보산왕　　　동재대해　　　차별득
佛子야 此十寶山王이 同在大海호대 差別得

명　　　보살십지　　역부여시　　　동재일체지
名이니 菩薩十地도 亦復如是하야 同在一切智

중　　차별득명
中호대 差別得名이니라

불자　　비여대해　　이십종상　　　득대해명
佛子야 譬如大海가 以十種相으로 得大海名하야

불가이탈
不可移奪이니라

하등　　위십
何等이 爲十고

일　　차제점심　　　이　　불수사시　　삼　　여수
一은 次第漸深이요 二는 不受死屍요 三은 餘水

다에 있으면서 차별하게 이름을 얻으니, 보살의 십지도 또한 이와 같아서 함께 일체지 가운데 있으면서 차별하게 이름을 얻는다.

불자여, 비유하면 큰 바다가 열 가지 모양으로 큰 바다라는 이름을 얻어서 바꾸거나 빼앗을 수 없는 것과 같다.

무엇이 열인가?

하나는 차례로 점점 깊어진다. 둘은 시체를 받아두지 않는다. 셋은 다른 물이 그 가운데 들어가면 모두 본래의 이름을 잃는다. 넷은 널리 함께 한 맛이다. 다섯은 한량없는 진귀한

入中에 皆失本名이요 四는 普同一味요 五는 無

量珍寶요 六은 無能至底요 七은 廣大無量이요

八은 大身所居요 九는 潮不過限이요 十은 普受

大雨호대 無有盈溢인달하니라

菩薩行도 亦復如是하야 以十相故로 名菩薩

行이라 不可移奪이니라

何等이 爲十고

所謂歡喜地는 出生大願하야 漸次深故며 離垢

보배이다. 여섯은 바닥까지 이를 수 없다. 일곱은 넓고 커서 한량없다. 여덟은 큰 동물이 사는 곳이다. 아홉은 조수가 기한을 넘지 않는다. 열은 큰비를 두루 받아도 차서 넘치지 않는다.

보살행도 또한 이와 같아서 열 가지 모양인 까닭으로 보살행이라 이름하니 바꾸거나 빼앗을 수 없다.

무엇이 열인가?

이른바 환희지는 큰 서원을 내어서 점차 깊어지는 까닭이다. 이구지는 일체 파계의 시체를 받아두지 않는 까닭이다. 발광지는 세간의

地는 不受一切破戒屍故며 發光地는 捨離世間
假名字故며 燄慧地는 與佛功德으로 同一味
故며 難勝地는 出生無量方便神通과 世間所

作衆珍寶故니라

現前地는 觀察緣生甚深理故며 遠行地는 廣大

覺慧로 善觀察故며 不動地는 示現廣大莊嚴事

故며 善慧地는 得深解脫하야 行於世間호대 如

實而知하야 不過限故며 法雲地는 能受一切諸

거짓 이름을 버리고 여의는 까닭이다. 염혜지는 부처님의 공덕과 동일한 맛인 까닭이다. 난승지는 한량없는 방편 신통과 세간에서 만든 온갖 진귀한 보배를 내는 까닭이다.

현전지는 연으로 생기는 매우 깊은 이치를 관찰하는 까닭이다. 원행지는 광대한 깨달음의 지혜를 잘 관찰하는 까닭이다. 부동지는 광대하게 장엄하는 일을 나타내 보이는 까닭이다. 선혜지는 깊은 해탈을 얻어서 세간에서 행하되 사실대로 알아 기한을 어기지 않는 까닭이다. 법운지는 일체 모든 부처님 여래의 큰 법의 광명 비를 능히 받음에 만족해 싫어함이

불여래　　대법명우　　무염족고
佛如來의 大法明雨호대 無厭足故니라

불자　비여대마니주　유십종성　　출과중
佛子야 譬如大摩尼珠가 有十種性하야 出過衆

보
寶하나니라

하등　위십
何等이 爲十고

일자　종대해출　　이자　교장치리　　삼
一者는 從大海出이요 二者는 巧匠治理요 三

자　원만무결　　사자　청정이구　　오자
者는 圓滿無缺이요 四者는 淸淨離垢요 五者는

내외명철　　육자　선교찬천　　칠자　관
內外明徹이요 六者는 善巧鑽穿이요 七者는 貫

없는 까닭이다.

　불자여, 비유하면 큰 마니 구슬이 열 가지 성질이 있어서 온갖 보배보다 뛰어난 것과 같다.

　무엇이 열인가?

　하나는 큰 바다에서 나온다. 둘은 훌륭한 장인이 다스린다. 셋은 원만하여 흠이 없다. 넷은 청정하여 때가 없다. 다섯은 안팎으로 투명하게 밝다. 여섯은 교묘하게 구멍을 뚫었다. 일곱은 보배실로 꿰었다. 여덟은 유리로 된 높은 깃대 위에 놓여 있다. 아홉은 일체 갖가지

이보루 팔자 치재유리고당지상 구자
以寶縷요 八者는 置在瑠璃高幢之上이요 九者는

보방일체종종광명 십자 능수왕의 우
普放一切種種光明이요 十者는 能隨王意하야 雨

중보물 여중생심 충만기원
衆寶物하며 如衆生心하야 充滿其願인달하니라

불자 당지보살 역부여시 유십종사
佛子야 當知菩薩도 亦復如是하야 有十種事하야

출과중성
出過衆聖하나니라

하등 위십
何等이 爲十고

일자 발일체지심 이자 지계두타 정
一者는 發一切智心이요 二者는 持戒頭陀에 正

행명정 삼자 제선삼매 원만무결 사
行明淨이요 三者는 諸禪三昧가 圓滿無缺이요 四

광명을 널리 놓는다. 열은 능히 왕의 뜻에 따라 온갖 보물을 비내려서 중생의 마음과 같이 그 소원을 만족시킨다.

불자여, 마땅히 알아라. 보살도 또한 이와 같이 열 가지 일이 있어서 온갖 성인보다 뛰어나다.

무엇이 열인가?

하나는 일체 지혜의 마음을 낸다. 둘은 계를 지니어 두타의 바른 행이 밝고 깨끗하다. 셋은 모든 선정과 삼매가 원만하여 흠이 없다. 넷은 도의 행이 청정하여 모든 더러운 때를 여의었다. 다섯은 방편과 신통이 안팎으로 사무

者는 道行이 淸白하야 離諸垢穢요 五者는 方便

神通이 內外明徹이요

六者는 緣起智慧로 善能讚穿이요 七者는 貫以

種種方便智縷요 八者는 置於自在高幢之上이요

九者는 觀衆生行하야 放聞持光이요 十者는 受佛

智職하야 墮在佛數하야 能爲衆生하야 廣作佛事니라

佛子야 此集一切種一切智功德菩薩行法門

치게 밝다.

 여섯은 연기의 지혜로 잘 능히 뚫었다. 일곱은 갖가지 방편과 지혜의 실로 꿰었다. 여덟은 자재하고 높은 깃대의 위에 놓여 있다. 아홉은 중생의 행을 관찰하여 듣고 지니는 광명을 놓는다. 열은 부처님 지혜의 직책을 받아 부처님으로 헤아림에 속하여 능히 중생들을 위하여 널리 불사를 짓는다.

 불자여, 이 일체종과 일체지의 공덕을 모으는 보살행의 법문품은 만약 모든 중생들이 선근을 심지 않으면 들을 수 없다."

품　약제중생　　부종선근　　　불가득문
品은 若諸衆生이 不種善根이면 不可得聞이니라

해 탈 월 보 살　　언　　　문 차 법 문　　득 기 소
解脫月菩薩이 言하사대 聞此法門에 得幾所

복
福이니잇고

금강장보살　　언　　　여일체지소집복덕
金剛藏菩薩이 言하사대 如一切智所集福德하야

문차법문　　복덕여시　　하이고　　비불문차공
聞此法門도 福德如是니 何以故오 非不聞此功

덕법문　　　이능신해수지독송　　　하황정
德法門하고 而能信解受持讀誦이어든 何況精

진　　여설수행
進하야 如說修行가

시고당지　　　요득문차집일체지공덕법문
是故當知하라 要得聞此集一切智功德法門하야사

해탈월 보살이 말하였다. "이 법문을 들으면 얼마나 되는 복을 얻겠습니까?"

금강장 보살이 말하였다. "일체지를 모은 바 복덕과 같이 이 법문을 들음도 복덕이 이와 같다. 무슨 까닭인가? 이 공덕의 법문을 듣지 못하고는 믿고 이해하고 받아 지니고 읽고 외울 수 없거늘, 하물며 정진하고 말한 대로 수행하는 것이겠는가?

그러므로 마땅히 알아라. 반드시 이 일체지의 공덕을 모으는 법문을 들어야만 이에 믿고 이해하고 받아 지니고 닦아 익힐 수 있으며, 그런 후에야 일체지의 지위에 이른다."

내능신해수지수습　　　연후　　지어일체지
乃能信解受持修習이니 **然後**에 **至於一切智**

지
地니라

이시　　불신력고　　법여시고　　시방각유십억
爾時에 **佛神力故**며 **法如是故**로 **十方各有十億**

불찰미진수세계　　　육종십팔상동
佛刹微塵數世界가 **六種十八相動**하니라

소위동　　변동　　등변동　　기　　변기　　등변
所謂動과 **徧動**과 **等徧動**과 **起**와 **徧起**와 **等徧**

기　　용　　변용　　등변용　　진　　변진　　등변진
起와 **踊**과 **徧踊**과 **等徧踊**과 **震**과 **徧震**과 **等徧震**과

후　　변후　　등변후　　격　　변격　　등변격
吼와 **徧吼**와 **等徧吼**와 **擊**과 **徧擊**과 **等徧擊**이니라

이때에 부처님의 위신력인 까닭이며 법이 이와 같은 까닭으로, 시방에 각각 십억 부처님 세계의 미세한 티끌 수의 세계가 있어서 여섯 가지 열여덟 모양으로 진동하였다.

이른바 흔들흔들하고 두루 흔들흔들하고 온통 두루 흔들흔들하며, 들먹들먹하고 두루 들먹들먹하고 온통 두루 들먹들먹하며, 울쑥불쑥하고 두루 울쑥불쑥하고 온통 두루 울쑥불쑥하며, 우르르하고 두루 우르르하고 온통 두루 우르르하며, 와르릉하고 두루 와르릉하고 온통 두루 와르릉하며, 와지끈하고 두루 와지끈하고 온통 두루 와지끈하였다.

우중천화　　천만　　천의　　급제천보장엄지
雨衆天華와 天鬘과 天衣와 及諸天寶莊嚴之

구　　당번증개　　주천기악　　기음화아
具와 幢幡繒蓋하며 奏天妓樂호대 其音和雅하야

동시발성　　찬일체지지　　소유공덕
同時發聲하야 讚一切智地의 所有功德하나라

여차세계타화자재천왕궁　　연설차법　　시
如此世界他化自在天王宮에 演說此法하야 十

방소유일체세계　　실역여시
方所有一切世界도 悉亦如是라

이시　　부이불신력고　　시방각십억불찰미
爾時에 復以佛神力故로 十方各十億佛刹微

진수세계외　　유십억불찰미진수보살　　이
塵數世界外에 有十億佛刹微塵數菩薩이 而

온갖 하늘의 꽃과 하늘의 화만과 하늘의 옷과 모든 하늘의 보배 장엄거리와 깃대와 깃발과 비단 일산을 비내리며, 하늘의 음악을 연주하는데 그 소리가 온화하고 아름다우며 동시에 소리를 내어 일체지의 지위에 있는 바 공덕을 찬탄하였다.

　이 세계의 타화자재천왕의 궁전에서 이 법을 연설하는 것과 같이, 시방에 있는 일체 세계에서도 다 또한 이와 같았다.

　이때에 다시 부처님의 위신력인 까닭으로 시방으로 각각 십억 부처님 세계의 미세한 티끌

　　　　　래차회　　　작여시언
　　　　　來此會하야 作如是言하시니라

　　　　　선재선재　　금강장　　쾌설차법
　　　　　善哉善哉라 金剛藏이여 快說此法이로다

　　　　　아등　　실역동명금강장　　소주세계　　각각
　　　　　我等도 悉亦同名金剛藏이요 所住世界도 各各

　　　　　차별　　실명금강덕　　　불호　　금강당
　　　　　差別호대 悉名金剛德이요 佛号도 金剛幢이시니

　　　　　아등　　주재본세계중　　개승여래위신지
　　　　　我等도 住在本世界中하야 皆承如來威神之

　　　　　력　　이설차법　　중회실등　　문자구의
　　　　　力하야 而說此法호대 衆會悉等하며 文字句義도

　　　　　여차소설　　무유증감
　　　　　與此所說로 無有增減이라

　　　　　실이불신력　　　이래차회　　위여작증
　　　　　悉以佛神力으로 而來此會하야 爲汝作證하노니

수의 세계 밖에 십억 부처님 세계의 미세한 티끌 수의 보살들이 있으니, 이 모임에 와서 이와 같이 말하였다.

"훌륭하고 훌륭합니다. 금강장이여, 이 법을 명쾌하게 설하였습니다.

우리들도 다 같이 이름이 금강장이고, 머무르는 바 세계도 각각 다르지만 다 이름이 금강덕이고, 부처님의 명호도 금강당이십니다. 우리들도 본래의 세계에 머물러 있으면서 모두 여래의 위신의 힘을 받들어 이 법을 연설합니다. 모인 대중들도 다 같고, 문자와 구절과 뜻도 여기에서 설하는 바와 더불어 늘어나거나

여아등   금자   입차세계   여시시방일체
如我等이 今者에 入此世界하야 如是十方一切

세계   실역여시   이왕작증
世界도 悉亦如是하야 而往作證이로라

이시   금강장보살   관찰시방일체중회   보
爾時에 金剛藏菩薩이 觀察十方一切衆會가 普

주법계   욕찬탄발일체지지심   욕시현
周法界하시고 欲讚歎發一切智智心하며 欲示現

보살경계   욕정치보살행력   욕설섭취
菩薩境界하며 欲淨治菩薩行力하며 欲說攝取

일체종지도   욕제멸일체세간구   욕시
一切種智道하며 欲除滅一切世間垢하며 欲施

줄어듦이 없습니다.

 모두 부처님의 위신력으로 이 법회에 와서 그대를 위하여 증명합니다. 우리들이 지금 이 세계에 들어온 것처럼, 이와 같이 시방의 일체 세계에서도 다 또한 이와 같이 가서 증명합니다."

 그때에 금강장 보살이 시방의 일체 대중모임이 법계에 널리 두루함을 관찰하고는 일체지의 지혜의 마음을 발함을 찬탄하려고, 보살의 경계를 나타내 보이려고, 보살의 수행하는 힘을 깨끗이 다스리려고, 일체종지를 거두어 가

여일체지 　　욕시현부사의지장엄　　욕현
與一切智하며 欲示現不思議智莊嚴하며 欲顯

시일체보살제공덕　　욕령여시지의　　전갱
示一切菩薩諸功德하며 欲令如是地義로 轉更

개현　　승불신력　　이설송언
開顯하야 承佛神力하사 而說頌言하시니라

기심적멸항조순　　평등무애여허공
其心寂滅恒調順하고 平等無礙如虛空하며

이제구탁주어도　　차수승행여응청
離諸垢濁住於道하니 此殊勝行汝應聽이어다

지는 길을 설하려고, 일체 세간의 때를 없애려고, 일체지를 베풀어 주려고, 부사의한 지혜의 장엄을 나타내 보이려고, 일체 보살의 모든 공덕을 드러내 보이려고, 이와 같은 지위의 뜻을 더욱더 펼쳐서 나타내게 하려고, 부처님의 위신력을 받들어 게송을 설하여 말하였다.

그 마음 적멸하며 항상 조화롭고 수순하여
평등하고 걸림 없음이 허공과 같으며
모든 더러움을 여의고 도에 머무르니
이 수승한 행을 그대는 마땅히 들을지어다.

백천억겁수제선
百千億劫修諸善하야

공양무량무변불
供養無量無邊佛하며

성문독각역부연
聲聞獨覺亦復然하니

위리중생발대심
爲利衆生發大心이로다

정근지계상유인
精勤持戒常柔忍하고

참괴복지개구족
慚愧福智皆具足하며

지구불지수광혜
志求佛智修廣慧하야

원득십력발대심
願得十力發大心이로다

삼세제불함공양
三世諸佛咸供養하고

일체국토실엄정
一切國土悉嚴淨하며

요지제법개평등
了知諸法皆平等하야

위리중생발대심
爲利衆生發大心이로다

백천억 겁 동안 모든 선을 닦아서
한량없고 가없는 부처님께 공양올리며
성문과 독각들도 또한 그러하니
중생을 이롭게 하기 위해 큰 마음 내도다.

면밀하고 부지런히 계를 지니고 늘 참고 유순하며
부끄러움과 복과 지혜를 모두 구족하고
부처님 지혜 구하기를 뜻하여 넓은 지혜 닦아서
열 가지 힘 얻기를 서원하여 큰 마음 내도다.

삼세의 모든 부처님께 다 공양올리고
일체 국토를 모두 깨끗이 장엄하며
모든 법이 다 평등함을 분명히 알고
중생을 이롭게 하기 위해 큰 마음 내도다.

주어초지생시심 　　　　　영리중악상환희
住於初地生是心하야　**永離衆惡常歡喜**하며

원력광수제선법 　　　　　이비민고입후위
願力廣修諸善法하야　**以悲愍故入後位**로다

계문구족염중생 　　　　　척제구예심명결
戒聞具足念衆生하야　**滌除垢穢心明潔**하며

관찰세간삼독화 　　　　　광대해자취삼지
觀察世間三毒火하야　**廣大解者趣三地**로다

삼유일체개무상 　　　　　여전입신고치연
三有一切皆無常이라　**如箭入身苦熾然**하니

염리유위구불법 　　　　　광대지인취염지
厭離有爲求佛法하는　**廣大智人趣燄地**로다

초지에 머물러서 이 마음을 내어
온갖 악을 길이 여의고 항상 환희하며
원력으로 모든 선한 법을 널리 닦아서
가엾게 여기는 까닭으로 다음 지위에 들도다.

계와 들음을 구족하고 중생을 생각하며
더러운 때 씻어내어 마음이 밝고 깨끗해서
세간의 세 가지 독한 불을 관찰하여
넓고 크게 아는 자가 제3지에 나아가도다.

삼유의 일체가 모두 무상하여
화살을 몸에 맞은 듯 고통이 치성하니
유위를 싫어해 떠나서 불법을 구하는
광대한 지혜 있는 사람이 염혜지에 나아가도다.

염혜구족득도지
念慧具足得道智하야

공양백천무량불
供養百千無量佛하고

상관최승제공덕
常觀最勝諸功德하니

사인취입난승지
斯人趣入難勝地로다

지혜방편선관찰
智慧方便善觀察하야

종종시현구중생
種種示現救衆生하며

부공십력무상존
復供十力無上尊하야

취입무생현전지
趣入無生現前地로다

세소난지이능지
世所難知而能知하야

불수어아이유무
不受於我離有無라

법성본적수연전
法性本寂隨緣轉하니

득차미묘향칠지
得此微妙向七地로다

기억과 지혜 구족하여 도의 지혜를 얻고
백천의 한량없는 부처님께 공양올리며
가장 수승한 모든 공덕을 항상 관찰하니
이 사람이 난승지에 들어가도다.

지혜와 방편을 잘 관찰하고
갖가지로 나타내 보여 중생을 구제하며
다시 십력의 위없는 존귀한 분께 공양올리어
생겨남이 없는 현전지에 들어가도다.

세상에서 알기 어려운 바를 능히 알아서
나를 감수하지 않고 있음과 없음을 여의며
법의 성품 본래 고요하나 인연 따라 바뀌니
이 미묘함을 얻어 제7지에 향하도다.

지혜방편심광대
智慧方便心廣大하야

난행난복난요지
難行難伏難了知라

수증적멸근수습
雖證寂滅勤修習하야

능취여공부동지
能趣如空不動地로다

불권영종적멸기
佛勸令從寂滅起하야

광수종종제지업
廣修種種諸智業하시니

구십자재관세간
具十自在觀世間하야

이차이승선혜지
以此而昇善慧地로다

이미묘지관중생
以微妙智觀衆生의

심행업혹등조림
心行業惑等稠林하고

위욕화기영취도
爲欲化其令趣道하야

연설제불승의장
演說諸佛勝義藏이로다

지혜와 방편의 마음이 광대하여
행하기 어렵고 조복하기 어렵고 알기 어려워
비록 적멸을 증득했으나 부지런히 닦아서
허공 같은 부동지에 능히 나아가도다.

부처님께서 권하시어 적멸에서 일어나
갖가지 모든 지혜의 업을 널리 닦게 하시니
열 가지 자재를 갖추고 세간을 관찰하여
이로써 선혜지에 올라가도다.

미묘한 지혜로써 중생들의
심행과 업과 미혹 등의 빽빽한 숲을 관찰하고
그들을 교화하여 도에 나아가게 하려고
모든 부처님의 수승한 뜻의 갈무리를 연설하도다.

차제수행구중선　　　　내지구지집복혜
次第修行具衆善하야　　乃至九地集福慧하며

상구제불최상법　　　　득불지수관기정
常求諸佛最上法하야　　得佛智水灌其頂이로다

획득무수제삼매　　　　역선요지기작업
獲得無數諸三昧하며　　亦善了知其作業하니

최후삼매명수직　　　　주광대경항부동
最後三昧名受職이라　　住廣大境恒不動이로다

보살득차삼매시　　　　대보련화홀연현
菩薩得此三昧時에　　　大寶蓮華忽然現커늘

신량칭피어중좌　　　　불자위요동관찰
身量稱彼於中坐하니　　佛子圍遶同觀察이로다

차례대로 수행하여 온갖 선을 구족하여
제9지에 이르러서 복과 지혜를 모으고
모든 부처님의 가장 높은 법을 항상 구하여
부처님의 지혜의 물을 얻어 그 정수리에 붓도다.

수없는 모든 삼매를 얻으며
또한 그 업을 지음도 잘 분명히 아니
최후의 삼매 이름이 '직책을 받음'이라
광대한 경계에 머물러 항상 움직이지 않도다.

보살이 이 삼매를 얻은 때에
큰 보배 연꽃이 홀연히 나타나
몸의 크기 그에 알맞아 그 가운데 앉으니
불자들이 에워싸고 함께 관찰하도다.

방대광명백천억 　　　　　　 멸제일체중생고
放大光明百千億하야　　　**滅除一切衆生苦**하고

부어정상방광명 　　　　　　 보입시방제불회
復於頂上放光明하야　　　**普入十方諸佛會**로다

실주공중작광망 　　　　　　 공양불이종족입
悉住空中作光網하야　　　**供養佛已從足入**하니

즉시제불실요지 　　　　　　 금차불자등직위
卽時諸佛悉了知　　　　　**今此佛子登職位**로다

시방보살래관찰 　　　　　　 수직대사서광조
十方菩薩來觀察하니　　　**受職大士舒光照**하며

제불미간역방광 　　　　　　 보조이래종정입
諸佛眉間亦放光하사　　　**普照而來從頂入**이로다

백천억의 큰 광명을 놓아
일체 중생의 고통을 없애버리고
다시 정수리에서 광명을 놓아
시방의 모든 부처님 회상에 널리 들어가도다.

공중에 모두 머물러 광명 그물을 지어서
부처님께 공양올리고는 발 아래 들어가니
즉시에 모든 부처님께서 지금 이 불자가
직위에 올랐음을 다 분명히 아시도다.

시방의 보살들이 와서 관찰하니
직책 받은 보살들이 광명을 펼쳐 비추며
모든 부처님 미간에서도 광명을 놓으시어
널리 비추고는 와서 정수리로 들어가도다.

시방세계함진동 　　　　　일체지옥고소멸
十方世界咸震動하고　　**一切地獄苦消滅**이라

시시제불여기직 　　　　　여전륜왕제일자
是時諸佛與其職하시니　**如轉輪王第一子**로다

약몽제불여관정 　　　　　시즉명등법운지
若蒙諸佛與灌頂이면　　**是則名登法雲地**라

지혜증장무유변 　　　　　개오일체제세간
智慧增長無有邊하야　　**開悟一切諸世間**호대

욕계색계무색계 　　　　　법계세계중생계
欲界色界無色界와　　　**法界世界衆生界**와

유수무수급허공 　　　　　여시일체함통달
有數無數及虛空이여　　**如是一切咸通達**이로다

시방의 세계가 모두 진동하고
일체 지옥의 고통이 소멸됨이라
그때에 모든 부처님께서 그 직책을 주시니
전륜왕의 태자와 같도다.

만약 모든 부처님께서 관정해주심을 받으면
이것이 곧 이름이 법운지에 오름이라
지혜가 점점 늘어 가없어서
일체 모든 세간을 깨우치도다.

욕계와 색계와 무색계와
법계와 세계와 중생계와
수있음과 수없음과 허공까지
이와 같은 일체를 모두 통달했도다.

일체화용대위력	제불가지미세지
一切化用大威力과	諸佛加持微細智와

비밀겁수모도등	개능여실이관찰
祕密劫數毛道等을	皆能如實而觀察이로다

수생사속성정도	전묘법륜입열반
受生捨俗成正道와	轉妙法輪入涅槃과

내지적멸해탈법	급소미설개능료
乃至寂滅解脫法과	及所未說皆能了로다

보살주차법운지	구족염력지불법
菩薩住此法雲地에	具足念力持佛法하니

비여대해수용우	차지수법역부연
譬如大海受龍雨하야	此地受法亦復然이로다

일체 교화하는 작용과 큰 위덕의 힘과
모든 부처님의 가지와 미세한 지혜와
비밀한 겁의 수와 털끝만 한 곳 등을
모두 능히 사실대로 관찰하도다.

태어남과 세속을 떠남과 바른 도 이룸과
미묘한 법륜을 굴림과 열반에 듦과
내지 적멸한 해탈의 법과
아직 설하지 않은 바를 모두 능히 알도다.

보살이 이 법운지에 머무름에
기억하는 힘을 구족하여 불법을 지니니
비유하면 큰 바다가 용의 비 내림을 받듯이
이 지위에서 법을 받음도 또한 그러하도다.

시방무량제중생
十方無量諸衆生이

실득문지지불법
悉得聞持持佛法이라도

어일불소소문법
於一佛所所聞法이

과어피수무유량
過於彼數無有量이로다

이석지원위신력
以昔智願威神力으로

일념보변시방토
一念普徧十方土하야

주감로우멸번뇌
霔甘露雨滅煩惱일새

시고불설명법운
是故佛說名法雲이로다

신통시현변시방
神通示現徧十方하야

초출인천세간경
超出人天世間境하며

부과시수무량억
復過是數無量億하니

세지사유필미민
世智思惟必迷悶이로다

시방의 한량없는 모든 중생들이
다 듣고 지님을 얻어 부처님 법 지니더라도
한 부처님 처소에서 들은 바 법이
그 수를 넘어서서 한량없도다.

옛적의 지혜와 서원과 위신력으로
한 생각에 시방 국토에 널리 두루하여
감로의 비를 내려 번뇌를 없애니 그러므로
부처님께서 설하시어 법운이라 이름하도다.

신통을 나타내 보여 시방에 두루하여
인간과 천상의 세간 경계를 뛰어넘고
다시 이 수를 지나서 한량없는 억이니
세간 지혜로 사유하면 반드시 미혹하여 아득하도다.

일거족량지공덕
一擧足量智功德을

내지구지불능지
乃至九地不能知어든

하황일체제중생
何況一切諸衆生과

급이성문벽지불
及以聲聞辟支佛가

차지보살공양불
此地菩薩供養佛에

시방국토실주변
十方國土悉周徧하며

역공현전제성중
亦供現前諸聖衆하야

구족장엄불공덕
具足莊嚴佛功德이로다

주어차지부위설
住於此地復爲說

삼세법계무애지
三世法界無礙智하고

중생국토실역연
衆生國土悉亦然하며

내지일체불공덕
乃至一切佛功德이로다

발 한 번 드는 동안 헤아리는 지혜와 공덕을
제9지에 이르러도 알 수 없는데
어찌 하물며 일체 모든 중생과
그리고 성문과 벽지불이리오.

이 지위의 보살이 부처님께 공양올리고
시방의 국토를 다 널리 두루하며
또한 현전의 모든 성인들에게도 공양하여
부처님의 공덕을 구족하게 장엄하도다.

이 지위에 머물러서는 다시
삼세와 법계의 걸림 없는 지혜를 설하고
중생과 국토 모두 또한 그러하며
내지 일체 부처님의 공덕에 이르도다.

차지보살지광명
此地菩薩智光明으로
능시중생정법로
能示衆生正法路하니

자재천광제세암
自在天光除世暗이어든
차광멸암역여시
此光滅暗亦如是로다

주차다작삼계왕
住此多作三界王하야
선능연설삼승법
善能演說三乘法하며

무량삼매일념득
無量三昧一念得하고
소견제불역여시
所見諸佛亦如是로다

차지아금이약설
此地我今已略說호니
약욕광설불가진
若欲廣說不可盡이라

여시제지불지중
如是諸地佛智中에
여십산왕억연주
如十山王嶷然住로다

이 지위의 보살이 지혜 광명으로
중생에게 바른 법의 길을 능히 보이니
자재천의 광명이 세간의 어둠을 없애는데
이 광명이 어둠을 없앰도 또한 이와 같도다.

여기에 머무름에 삼계의 왕이 많이 되고
삼승의 법을 잘 능히 연설하며
한량없는 삼매를 한 생각에 얻고
모든 부처님을 친견하는 것도 또한 이와 같도다.

이 지위를 내가 지금 간략히 설하였으니
만약 자세히 설하자면 다할 수 없도다.
이러한 모든 지위는 부처님의 지혜 가운데
열 개의 산왕이 우뚝 솟아 머무름과 같도다.

초지예업불가진
初地藝業不可盡이

비여설산집중약
譬如雪山集衆藥하며

이지계문여향산
二地戒聞如香山하며

삼여비타발묘화
三如鞞陀發妙華하며

염혜도보무유진
燄慧道寶無有盡이

비여선산인선주
譬如仙山仁善住하며

오지신통여유건
五地神通如由乾하며

육여마이구중과
六如馬耳具衆果하며

칠지대혜여니민
七地大慧如尼民하며

팔지자재여윤위
八地自在如輪圍하며

구여계도집무애
九如計都集無礙하며

십여수미구중덕
十如須彌具衆德이로다

초지는 기예의 업이 끝이 없어서
비유하면 설산에 온갖 약초 모인 것 같고
제2지는 계와 들음이 향산과 같고
제3지는 비타산에 미묘한 꽃 피는 것 같도다.

염혜지는 도의 보배가 다함이 없어
신선산에 어진 이들 잘 머무른 것 같고
제5지는 신통이 유건산 같고
제6지는 마이산이 온갖 과일을 갖춘 것 같도다.

제7지는 큰 지혜가 니민다라산 같고
제8지는 자재함이 윤위산 같고
제9지는 계도산 같이 모여도 걸림 없으며
제10지는 수미산 같이 온갖 덕을 갖추었도다.

초지원수이지계
初地願首二持戒며

삼지공덕사전일
三地功德四專一이며

오지미묘육심심
五地微妙六甚深이며

칠광대혜팔장엄
七廣大慧八莊嚴이며

구지사량미묘의
九地思量微妙義가

출과일체세간도
出過一切世間道며

십지수지제불법
十地受持諸佛法이니

여시행해무진갈
如是行海無盡竭이로다

십행초세발심초
十行超世發心初요

지계제이선제삼
持戒第二禪第三이며

행정제사성취오
行淨第四成就五요

연생제육관천칠
緣生第六貫穿七이며

초지는 서원이 으뜸이고 제2지는 계를 지님이고
제3지는 공덕이고 제4지는 오로지 하나이고
제5지는 미묘하고 제6지는 매우 깊고
제7지는 광대한 지혜이고 제8지는 장엄이로다.

제9지는 미묘한 뜻을 헤아림이
일체 세간의 길을 뛰어넘고
제10지는 모든 부처님의 법을 받아 지니니
이러한 수행 바다가 다하여 마르는 일 없도다.

열 가지 행이 세간을 뛰어나니 발심은 초지이고
지계는 제2지이고, 선정은 제3지이고
행이 깨끗함은 제4지이고, 성취는 제5지이고
연생은 제6지이고, 꿰는 것은 제7지로다.

제팔치재금강당
第八置在金剛幢이요

제구관찰중조림
第九觀察衆稠林이며

제십관정수왕의
第十灌頂隨王意니

여시덕보점청정
如是德寶漸淸淨이로다

시방국토쇄위진
十方國土碎爲塵이라도

가어일념지기수
可於一念知其數며

호말탁공가지량
毫末度空可知量이어니와

억겁설차불가진
億劫說此不可盡이로다

〈大方廣佛華嚴經 卷第三十九〉

제8지는 금강 깃대에 놓여짐이고
제9지는 온갖 빽빽한 숲을 관찰함이고
제10지는 관정하여 왕의 뜻을 따름이니
이와 같이 공덕 보배가 점점 청정하도다.

시방의 국토를 부수어 티끌이 되어도
한 생각에 그 수를 알 수 있으며
털끝으로 허공을 헤아려도 양을 알 수 있으나
억겁 동안 이를 설하여도 다할 수 없도다.

〈대방광불화엄경 제39권〉

大方廣佛華嚴經 — 부록

· 대방광불화엄경 목차

· 간행사

대방광불화엄경
목차

⟨제1회⟩

<u>제1권</u>   제1품   세주묘엄품 [1]

<u>제2권</u>   제1품   세주묘엄품 [2]

<u>제3권</u>   제1품   세주묘엄품 [3]

<u>제4권</u>   제1품   세주묘엄품 [4]

<u>제5권</u>   제1품   세주묘엄품 [5]

<u>제6권</u>   제2품   여래현상품

<u>제7권</u>   제3품   보현삼매품

　　　　 제4품   세계성취품

<u>제8권</u>   제5품   화장세계품 [1]

<u>제9권</u>   제5품   화장세계품 [2]

<u>제10권</u> 제5품   화장세계품 [3]

<u>제11권</u> 제6품   비로자나품

⟨제2회⟩

<u>제12권</u> 제7품   여래명호품

　　　　 제8품   사성제품

<u>제13권</u> 제9품   광명각품

　　　　 제10품 보살문명품

<u>제14권</u> 제11품 정행품

　　　　 제12품 현수품 [1]

<u>제15권</u> 제12품 현수품 [2]

⟨제3회⟩

<u>제16권</u> 제13품 승수미산정품

　　　　 제14품 수미정상게찬품

　　　　 제15품 십주품

<u>제17권</u> 제16품 범행품

　　　　 제17품 초발심공덕품

<u>제18권</u> 제18품 명법품

〈제4회〉

제19권 제19품 승야마천궁품

제20품 야마궁중게찬품

제21품 십행품 [1]

제20권 제21품 십행품 [2]

제21권 제22품 십무진장품

〈제5회〉

제22권 제23품 승도솔천궁품

제23권 제24품 도솔궁중게찬품

제25품 십회향품 [1]

제24권 제25품 십회향품 [2]

제25권 제25품 십회향품 [3]

제26권 제25품 십회향품 [4]

제27권 제25품 십회향품 [5]

제28권 제25품 십회향품 [6]

제29권 제25품 십회향품 [7]

제30권 제25품 십회향품 [8]

제31권 제25품 십회향품 [9]

제32권 제25품 십회향품 [10]

제33권 제25품 십회향품 [11]

〈제6회〉

제34권 제26품 십지품 [1]

제35권 제26품 십지품 [2]

제36권 제26품 십지품 [3]

제37권 제26품 십지품 [4]

제38권 제26품 십지품 [5]

제39권 **제26품** **십지품 [6]**

〈제7회〉

제40권 제27품 십정품 [1]

제41권 제27품 십정품 [2]

제42권 제27품 십정품 [3]

제43권 제27품 십정품 [4]

제44권 제28품 십통품

제29품 십인품

제45권 제30품 아승지품

제31품 수량품

제32품 제보살주처품

제46권 제33품 불부사의법품 [1]

제47권 제33품 불부사의법품 [2]

제48권	제34품	여래십신상해품		제63권	제39품	입법계품 [4]
	제35품	여래수호광명공덕품		제64권	제39품	입법계품 [5]
제49권	제36품	보현행품		제65권	제39품	입법계품 [6]
제50권	제37품	여래출현품 [1]		제66권	제39품	입법계품 [7]
제51권	제37품	여래출현품 [2]		제67권	제39품	입법계품 [8]
제52권	제37품	여래출현품 [3]		제68권	제39품	입법계품 [9]
				제69권	제39품	입법계품 [10]
〈제8회〉				제70권	제39품	입법계품 [11]
제53권	제38품	이세간품 [1]		제71권	제39품	입법계품 [12]
제54권	제38품	이세간품 [2]		제72권	제39품	입법계품 [13]
제55권	제38품	이세간품 [3]		제73권	제39품	입법계품 [14]
제56권	제38품	이세간품 [4]		제74권	제39품	입법계품 [15]
제57권	제38품	이세간품 [5]		제75권	제39품	입법계품 [16]
제58권	제38품	이세간품 [6]		제76권	제39품	입법계품 [17]
제59권	제38품	이세간품 [7]		제77권	제39품	입법계품 [18]
				제78권	제39품	입법계품 [19]
〈제9회〉				제79권	제39품	입법계품 [20]
제60권	제39품	입법계품 [1]		제80권	제39품	입법계품 [21]
제61권	제39품	입법계품 [2]				
제62권	제39품	입법계품 [3]				

간 행 사

  귀의삼보 하옵고,

『대방광불화엄경』의 수지 독송과 유통을 발원하면서 수미정사 불전연구원에서 『독송본 한문·한글역 대방광불화엄경』과 『사경본 한글역 대방광불화엄경』을 편찬하여 간행하게 되었습니다.

  『화엄경』은 우리나라에 전래된 이래 일찍부터 사경되고 주석·강설되어 왔으며 근현대에 이르러서는 『화엄경』의 한글 번역과 연구도 부쩍 많이 이루어졌습니다. 그만큼 『화엄경』이 우리 불자님들의 신행과 해탈에 큰 의지처가 되었던 것임을 알 수 있습니다.

  『화엄경』을 독송하고 사경하는 공덕은 설법 공덕과 함께 크게 강조되어 왔습니다. 그리하여 수미정사 불전연구원에서도 『화엄경』(80권)을 독송하고 사경하는 데 도움이 되도록 한문 원문과 한글역을 함께 수록한 독송본과 한글역의 사경본 『화엄경』 간행불사를 발원하였습니다. 이 『화엄경』 간행불사에 뜻을 같이하여 적극 후원해주신 스님들과 재가 불자님들께 깊이 감사드립니다. 또한 『화엄경』을 수지 독송할 수 있도록 경책의 모습으로 장엄해 주신 편집위원들과 담앤북스 출판사 관계자들께도 고마움을 표합니다.

  끝으로 이 불사의 원만 회향으로 『화엄경』이 널리 유통되고, 온 법계에 부처님의 가피가 충만하시길 기원드립니다.

  나무 대방광불화엄경

불기 2564년 '부처님오신날'을 봉축하며
수미해주 합장

위태천신(동진보살)

수미해주 須彌海住

호거산 운문사에서 성관 스님을 은사로 출가, 석암 대화상을 계사로 사미니계 수계, 월하 전계사를 계사로 비구니계 수계, 계룡산 동학사 전문강원 졸업, 동국대학교 불교대학 및 동 대학원 졸업, 철학박사, 가산지관 대종사에게서 전강, 동국대학교 불교대학 교수, 동학승가대학 학장 및 화엄학림 학림장, 중앙승가대학교 법인이사 역임.
(현) 수미정사 주지, 동국대학교 명예교수.
저·역서로『의상화엄사상사연구』,『화엄의 세계』,『정선 원효』,『정선 화엄 1』,『정선 지눌』,『법계도기 총수록』,『해주스님의 법성게 강설』등 다수.

독송본 한문·한글역
대방광불화엄경 제39권

| 초판 1쇄 발행_ 2023년 12월 24일

| 엮은이_ 수미해주
| 엮은곳_ 수미정사 불전연구원
| 편집위원_ 해주 수정 경진 선초 정천 석도 박보람 최원섭
| 편집보_ 무이 무진 지욱 혜명

| 펴낸이_ 오세룡
| 펴낸곳_ 담앤북스
        서울특별시 종로구 새문안로3길 23 경희궁의 아침 4단지 805호
        대표전화 02)765-1251 전자우편 dhamenbooks@naver.com
        출판등록 제300-2011-115호
| ISBN_ 979-11-6201-825-5 04220

이 책은 저작권 법에 따라 보호받는 저작물이므로 무단전재와 복제를 금합니다.
이 책 내용의 전부 또는 일부를 이용하려면 반드시 저작권자와 담앤북스의 서면 동의를 받아야 합니다.

정가 15,000원
ⓒ 수미해주 2023